렛츠고!
신안섬여행

섬을 가장 멋지게 여행하는 방법

양소희 지음

여행연구소
travel L A B

PROLOGUE
작가의 말

섬은 독특함으로 빛나는 바다의 별

인도네시아, 필리핀, 일본 다음으로 우리나라는 세계에서 4번째로 섬이 많은 나라이다. 그중에서도 전라남도 신안군은 우리나라에서 가장 많은 1004개의 섬을 가지고 있다. 진짜? 누구나 놀랄만한 숫자이다. 신안의 섬을 다니다 보면 1004개의 섬을 가지고 있다는 의미를 살려 1004를 디자인으로 한 다양한 조형물을 만나게 된다. 진짜 1004개의 섬을 가지고 있기 때문이다.

필자는 섬을 특별히 좋아하는 여행 작가이기도 하지만 이렇게 많은 신안의 섬을 다닐 수 있게 된 계기는 COVID-19 덕분(?)이었다.

2019년 12월 시작된 코로나바이러스감염증-19(COVID-19)이 전 세계적으로 확산되어 2020년 3월 11일 세계보건기구(WHO)가 공식적으로 팬데믹을 선언하면서 해외로 갈 길이 막히게 되었다. 필자는 서울에서 목포로 작업실을 옮기는 결단을 내렸다. 그리고 신안의 섬으로 향했다. 그렇게 2023년 5월 팬데믹이 종료되기까지 신안의 섬에서 섬으로 흘러 다녔다. 세상이 감염병으로 소란스러울 때 필자는 육지에서는 상상도 할 수 없는 아름다운 풍경을 수없이 만났다.

이후 신문과 방송에서 신안의 섬을 소개하고 도서관에서 섬 인문학 강의를 하고 있다. 이번에는 책을 통해 신안의 섬이 가진 매력을 소개할 수 있는 제안을 받아 〈렛츠고! 신안섬여행〉을 출판하게 되었다. 꼭 가보았으면 좋겠다는 섬을 추천하려고 여러 날을 고민했는데 그 수가 너무 많아 신안섬여행은 어쩔 수 없이 두 권으로 나누어 출판하게 되었다.

우리나라에는 많은 섬들이 보석 같이 반짝이고 있다. 섬들은 저마다 섞일 듯 섞이지 않는 독특함으로 빛나는 바다 위의 별이다. 인생 시계를 잠시 느슨하게 돌려놓고 우리나라의 섬으로 가보자. 특별히 신안의 섬들은 다양한 꽃과 색 그리고 이야기로 여행자를 어서 오라고 손짓하며 기다리고 있다. 이 책을 통해 우리나라의 소중한 섬들이 더 많은 사람들에게 사랑받길 기대해 본다.

양소희 여행작가

렛츠고 시리즈와 함께 떠나는
신안섬여행 가이드

ABOUT 신안

전라남도 신안군은 일제 강점기 1914년 행정 구역 개편에 따라 무안군에 속하였다가 1969년 1월 1일 신안군으로 분군되었다. 신안군은 우리나라 최서남단에 있으며, 유인도 72개, 무인도 953개로 총 1,025개의 섬을 보유하고 있다. 전국에서 가장 많은 섬을 가지고 있는 신안군은 '섬들의 고향', '섬들의 천국'이라 불린다.

신안군에는 빼어난 자연경관으로 섬 전체가 천연기념물인 홍도를 비롯하여 람사르 협약에 등록된 장도 습지와 홍어로 유명한 흑산도, 국토 끝섬 최서남단 가거도, 12㎞의 은빛 백사장을 자랑하는 임자 대광해수욕장, 해안선이 아름다운 도초도 시목해수욕장, 자은도 백길해수욕장 등, 백사장만 500여 개가 있다. 또한, 섬 전체가 보라색 세상인 퍼플섬, 수선화가 가득한 선도, 근대 추상화가 김환기의 생가가 있는 안좌도, 300여 년의 토지 탈환 역사를 가지고 있는 하의도, 중국 송대·원대 해저 보물이 발견된 증도 등 각 섬마다 특유의 볼거리가 가득하여 관광객이 해마다 증가하고 있다.

신안 관광지

신안군의 면적은 서울시 면적의 22배인 1만 3308㎢에 달한다. 신안군 지도를 펼쳐 보면 한눈에 살펴보기 어려울 정도로 넓은 면적과 많은 관광 명소를 가지고 있다. 동쪽으로는 압해읍 가란리 동단, 서쪽으로는 흑산면 가거도리 소국흘도 서단, 남쪽으로는 흑산면 가거도리 남단, 북쪽으로는 임자면 재원리 소비치도 북단이 신안군 지역이다.

신안군은 다른 여행지와 다르게 지역을 크게 네 구역으로 나누어 살펴보아야 한다. 신안군은 행정 구역상 2개 읍과 12개 면으로 구성되어 있다. 북부권에는 지도읍, 임자면, 증도면이 있고, 중부권에는 압해읍, 자은면, 암태면, 팔금면, 안좌면이 있다. 남부권은 비금면, 도초면, 하의면, 신의면, 장산면이며, 흑산권에는 흑산면이 있다.

북부권에는 슬로시티로 지정된 증도면을 중심으로 신안 증도 태평염전, 소금박물관, 염생식물원 등이 대표적인 명소이며, 신안 해저 유물이 발굴된 신안 해저유물 매장 해역과 짱뚱어다리도 주요 관광지로 손꼽힌다. 최근에는 기점·소악도를 중심으로 조성된 '순례자의 길'이 큰 인기를 끌고 있으며, 노랑 물결의 수선화 선도 역시 주목받고 있다. 임자도에는 광활한 대광해변과 신안튤립공원, 조희룡미술관, 어머리해수욕장에 위치한 용난굴, 새우젓으로 유명한 전장포가 대표적인 관광지로 알려져 있다.

중부권은 천사대교가 개통되면서 압해도, 암태도, 자은도, 팔금도, 안좌도 지역이 자동차로 접근할 수 있는 섬이 되었다. 압해읍에는 1004섬 분재정원, 저녁노을미술관이 있고 천사대교를 건너 자은도로 가면 백길해수욕장, 무한의 다리, 분계해변 여인송이 있다. 암태도에서 기동삼거리 벽화, 에로스서각박물관, 암태도소작인 항쟁기념탑을 지나면 채일봉 전망대가 있는 팔금도이다. 안좌도는 신안 김환기 고택이 있고 신안 김환기 고택에서 반월도·박지도로 향하면 최근 관광객에게 사랑받고 있는 퍼플섬이 있다.

남부권 관광지는 바둑 천재 이세돌의 고향 비금도를 중심으로 형성되어 있다. 비금도에는 이세돌바둑박물관과 함께 명사십리해수욕장, 하트해변, 시조 염전[1호 염전], 신안 비금도 대동염전이 있다. 도초도에는 시목해수욕장, 1004섬 수국정원, 영화 「자산어보」 촬영지, 섬생태연구소가 있고, 인근에 풍성사구가 있는 우이도가 있다. 하의도에는 하의 김대중 전대통령생가, 하의 큰바위얼굴, 야외조각미술관을 볼 수 있고, 신의도에는 황성금리해수욕장, 장산도에는 장산 역사문화관과 장산화이트뮤지엄이 있다.

흑산권은 해양 문화의 보고인 흑산도를 비롯하여 섬 전체가 우리나라에서 처음으로 천연기념물로 지정된 홍도 천연보호구역, 예능 프로그램 「삼시세끼」의 촬영지였던 만재도, 국토 최서남단 가거도가 있다.

신안의 축제

신안군의 축제는 빼어난 자연경관을 자랑하는 섬에서 개최된다. 신안군의 축제는 관광객에게 섬이라는 특별함을 느낄 수 있게 하며, 크게 꽃 축제, 수산물 축제, 문화 예술 축제로 나눌 수 있다.

신안군의 '사계절 꽃 피는 섬'을 모토로 하는 플로피아 섬 조성 사업이 결실을 맺으면서, 형형색색 꽃으로 가득한 축제가 1년 365일 신안의 섬 곳곳에서 펼쳐지고 있다. 겨울에는 압해도에서 애기동백, 봄에는 임자도에서 튤립과 선도에서 수선화, 여름에는 도초도에서 수국, 압해도에서 크로코스미아, 홍도에서 원추리, 가을에는 병풍도에서 맨드라미, 안좌면의 반월도, 박지도의 보라색 꽃 아스타 등, 아름다운 꽃이 피어나는 시기에 맞추어 1년 내내 축제가 열린다.

수산물을 테마로 하는 축제는 수산물의 제철 시기에 맞추어 개최되며, 도초도의 간재미, 흑산도의 홍어, 임자도의 강달어, 지도의 병어, 임자도의 민어, 안좌도의 왕새우, 홍도의 불볼락, 흑산도의 우럭, 압해도의 낙지, 지도의 새우젓 등, 10여 종의 수산물을 주제로 축제가 열린다.

최근에는 섬의 아름다움을 돋보이게 하는 문화 예술 축제도 새롭게 시작하고 있다. 대표적인 축제로는 100+4피아노 섬 축제, 신안세계김밥페스타, 신안국제문페스타 등이 있다.

플로피아 섬 조성과 '1섬 1정원' 프로젝트

신안군은 2018년 12월 27일 플로피아(Flopia) 섬 조성 사업 5개년 계획을 수립하고, 자은도 자연 휴양림을 비롯한 14개 읍·면의 경관에 4계절 꽃 피는 아름다운 숲을 조성하는 계획을 추진하였다. 플로피아는 Flower(꽃)와 Utopia(이상향)의 합성어로 사계절 내내 꽃과 나무를 만날 수 있는 섬을 만들겠다는 신안군의 의지를 담은 단어이다.

세부 사업으로 진행된 '1섬 1정원' 프로젝트는 1,004개의 섬마다 그 고유의 특색을 담은 핵심(core) 정원을 만들고, 꽃 피는 섬을 조성하여 아름다운 꽃을 주제로 한 축제를 개최하는 것을 목표로 한다. 2018년 '수선화의 섬' 조성을 시작으로 총 22개 정원을 목표로 하고 있으며, 2024년 16개의 정원이 완성되었고, 앞으로 6개의 정원이 추가로 조성될 예정이다. 또한, 정원 섬 조례 13건이 통과되면서 조성이 완료된 섬을 '나무와 꽃이 있는 정원', '문화와 예술이 생동하는 섬'으로 가꾸고 있다.

지속 가능한 축제

신안군은 2018년 12월 27일 플로피아 섬 조성 사업 5개년 계획을 수립한 후, 축제를 통하여 큰 성공을 이루었다. 그러나 지속 가능한 축제가 되기 위하여서는 체계적인 계획이 필요하다. 첫째, 신안군의 축제는 오랜 시간을 두고 준비하면서 매우 많은 사람이 방문하고 있다.
지속 가능한 축제가 되기 위하여서는 섬의 면적과 주민 수를 고려하여,

1일 수용 가능한 방문객 수를 파악하여야 한다. 양적인 방문객 확대보다는 질적으로 지속 가능한 이용을 위한 준비를 하여야 한다.

둘째, 에너지 절약, 물 절약, 친환경 소재 사용, 쓰레기 없는 축제 등 축제 기간 동안 자원을 효율적으로 관리하고 탄소 배출량을 줄이는 노력을 하여야 한다. 셋째, 섬 지역만이 가지고 있는 문화를 보존하여 관광객들이 섬 지역의 문화를 이해하고 존중할 수 있는 문화 체험 기회를 적극적으로 제공하여야 한다.

우리나라 대부분의 지역에서 열리는 꽃 축제는 1년에 한 번, 해당 지역에서 자생하는 꽃을 주제로 개최한다. 그런데 신안군은 2018년 섬마다 꽃을 심는 5개년 계획인 플로피아 섬 조성 사업을 세우고, 2019년 3월 제1회 섬 수선화축제를 시작으로 1년 내내 꽃 축제가 열리고 있다. 사계절 꽃 피는 섬을 모토로 추진한 사업은 진행하는 과정에서 꽃 피는 시기와 꽃의 색을 고려하였고, 이에 축제 기간에 꽃을 보기 위하여 찾아오는 관광객 수가 넘쳐 나면서 지역 경제 활성화에 성공하였다.

주민들이 섬을 떠나며 성장 동력을 잃은 인구 소멸 지역에는 주민들이 나서서 꽃과 나무를 심고 가꾸면서 활기를 되찾는 변화가 일어났다. 지자체는 주민의 의견을 적극 반영하고 주민이 합심하여 축제를

만들어 냈고 버려진 땅을 일구어 꽃으로 지역을 재생하는 기회를 마련하였다. 신안군은 '정원수 사회적 협동조합 정책'을 추진하고 있다. 주민들이 협동조합에 참여하여 정원수를 키우고 군에서 정원수를 매입하는 방식이다.

신안군은 '1섬 1정원' 프로젝트가 축제의 성공으로 이어지면서, 관광 수익이 지역 주민에게 공정하게 분배되도록 노력하고 있다. 이런 정책은 지역 사회의 지속 가능한 발전에 기여하는 좋은 사례로 평가받고 있다.

목차 🚢

2   PROLOGUE
4   ABOUT 신안

PART 01

17	오늘도 행쇼라고 말해주는 **증도**
45	나는 맨드라미가 좋다 **병풍도**
55	여행이 가진 힘을 믿어 봐 **기점 소악도**
69	라이징 스타 **임자도**
95	잠시 멈춰 볼래요? **지도**
107	수선화와 함께 춤을 **선도**
117	200여 척의 어선들이 닻을 내리는 **송도**
125	지도와 증도 사이에서 **사옥도**

렛츠고!
신안섬여행

PART 02

135 해양도시의 중심 **압해도**
153 넉넉함으로 품어주는 **자은도**
167 김환기의 고향 **안좌도**
179 퍼플섬이라 부르는 **반월도·박지도**
187 시인의 섬 **팔금도**
201 마음까지 이어주는 천사대교 **암태도**

기점 소악도

Part 1에서는 신안의 북부권을 소개한다.
북부권에는 슬로시티로 지정된 증도면을 중심으로 신안 증도 태평염전, 소금박물관, 염생식물원 등이 대표적인 명소이며, 신안 해저 유물이 발굴된 신안 해저유물 매장 해역과 짱뚱어다리도 주요 관광지로 손꼽힌다. 최근에는 기점·소악도를 중심으로 조성된 '순례자의 길'이 큰 인기를 끌고 있으며, 노랑 물결의 수선화 선도 역시 주목받고 있다. 임자도에는 광활한 대광해변과 신안튤립공원, 조희룡미술관, 어머리해수욕장에 위치한 용난굴, 새우젓으로 유명한 전장포가 대표적인 관광지이다.

PART 01

오늘도 행쇼라고 말해주는 **증도**
나는 맨드라미가 좋다 **병풍도**
여행이 가진 힘을 믿어 봐 **기점 소악도**
라이징 스타 **임자도**
잠시 멈춰 볼래요? **지도**
수선화와 함께 춤을 **선도**
200여 척의 어선들이 닻을 내리는 **송도**
지도와 증도 사이에서 **사옥도**

오늘도
*행쇼라고 말해주는
증도

우리는 유례없이 빠른 속도로 모든 것이 소비되고 잊히는 시대에 살고 있다. 그래서 뒤처지지 않으려고 정신없이 살다보면 어느 순간 내가 누구인지 알 수 없는 당혹감에 빠진다. 나를 잘 모르겠으니 내 행복을 챙기기 어려운 것은 너무도 당연하다. 영화 〈리틀 포레스트〉의 주인공 혜원은 지친 일상을 멈추고 고향 빈집으로 돌아가 직접 키운 농작물로 한 끼 한 끼 만들어 먹으며 사계절을 보낸다. 이후 힘을 얻어 새로운 봄을 향해 나아가면서 영화는 끝이 난다. 지친 영혼을 충전해 준 혜원이의 고향 같은 곳을 찾고 있다면 서슴없이 증도(曾島)를 추천한다. 오늘도 행복하십쇼라고 말해주는 자연의 응원을 받게 되니 단 하루라도 그곳에 있으면 마음이 불현듯 밝아진다.

*행복하십쇼의 줄임말

행복을 찾아가기에 늦은 시간이란 없다. 증도로 출발해 보자. 참고로 증도를 본섬으로 하는 신안군 증도면은 유인도 6개(증도, 화도, 병풍도, 대기점도, 소기점도, 소악도)와 무인도 66개로 총 72개의 섬이 있다.

세상에서 가장 멋진 여행

지도, 송도, 사옥도를 차로 달려 증도대교를 넘어오면 제일 먼저 여행자를 반겨주는 곳은 관광안내소. 잠시 들려 안내를 받으면 어렴풋이 알고 온 증도여행 정보가 선명해진다. 여행지는 계절에 따라 변화무쌍하다. 섬은 특히 더 그렇다. 도시에 살면서 체득한 가치 기준으로 섬 여행을 하려 한다면 곤란하다. 제대로 섬 여행을 하고 싶다면 섬의 시간을 이해하려는 마음이 필요하다. 검색을 통한 지식을 가지고 온 여행이라면 더욱 그렇다. 증도에 도착한 시점에서만 볼 수 있는 풍경이 있고 그 때만 특별히 먹으면 더 좋은 음식이 있다. 알차게 증도를 느껴 보려면 관광안내소에서의 짧은 시간은 가치가 있다. 증도가 세상에서 가장 멋진 여행으로 남을 수도 있기 때문이다. 자 이제, 여행을 시작해 보자.

관광안내소에서 받은 지도를 펴서 증도를 살펴보면 면사무소 방향과 태평염전으로 향하는 두 갈래 길이 나온다. 대부분 염전으로 향하는 왼쪽 길을 추천하지만 두 방향 중 어느 쪽을 선택하든 상관없다. 한 바퀴를 돌아오기 때문에 출발점이 곧 종점이다. 해안선을 따라 섬 전체를 한 바퀴 도는 42.7km의 모실길도 이곳에서 시작된다.

증도 모실길

자연 그대로의 바다와 해변, 갯벌, 흙과 돌, 나무와 함께 호흡하며 증도를 느리게 걷는 총 길이 42.7km의 섬길이다.

1코스 노을이 아름다운 사색의 길
(10km, 3시간) 주차장-구분포-염산마을-염산포구-방축-나룻구지-노을쉼터-하트해변-해저유물발굴비

2코스 보물선 순교자 발자취길
(7km, 2시간) 해저유물발굴비-만들독살-검산항-오산슬로푸드-상정봉-증도면사무소-문준경순교비-순비기전시관-짱뚱어다리 주차장

3코스 천년의 숲길 (4.6km, 1시간 30분)
짱뚱어다리-천년해송숲-갯벌전시관

4코스 갯벌공원길 (10.3km, 3시간) 갯벌센터-우전마을-대초슬로체험장-덕정마을-노두길-화두갯벌이야기체험장-노두길

5코스 천일염길 (10.8km, 3시간) 노두길입구-장성동마을-갈대군락지-태양광발전소-소금전망대-소금박물관-태평염생식물원-주차장

 증도 위치

북쪽에 사옥도와 임자도, 남쪽에 자은도와 암태도가 있다. 증도는 2010년 증도대교가 개통되면서 육지와 연결된 섬이 되었다. 증도로 가려면 전남 무안군 해제에서 지도, 송도, 사옥도, 증도로 연결된 4개의 대교를 건너간다.

국내 최대 규모의 태평염전

태평염전 방향으로 증도여행을 시작해 본다. 먼저 타임머신을 타고 과거의 시간으로 가보자. 전증도, 후증도가 각각 섬으로 나뉘어 있어 바닷물이 빠지면 징검다리로 만든 노두길을 건너다니는 사람들이 보인다. 1953년 한국 전쟁 후 피난 온 실향민들이 서로 떨어져 있는 두 섬 사이를 둑으로 연결하여 간척지에 천일염전을 만드는 모습이 그려진다. 소금을 싣고 오가는 수레와 염부들의 땀으로 만든 하얀색 황금이 창고에 쌓인다. 태평염전은 여의도 면적의 두 배인 140만 평으로 국내에서 단일 염전으로 최대 규모이다.

이렇게 넓은 지역을 사람 손으로 일구어 냈다니 놀라운 마음과 함께 얼마나 고단했을까를 생각하니 고개가 숙여진다.

태평염전 지역은 유네스코 생물보전지역으로 지정되어 현재에도 옛날 방식 그대로 천일염을 생산하고 있다. 살아있는 근대문화유산인 천일염전은 역사성과 인문학적 가치를 인정받아 *대한민국 근대문화유산(등록문화재 제360호)로 지정되었다.

*대한민국 근대문화유산이란 근현대사에 역사적 가치가 있는 유산 중에서 사회변동과 생활양식의 변화, 기술혁신, 경제적 효율성 등으로 사라질 위기에 처해있는 것들을 문화재로 등록하여 보존하는 제도이다.

소금박물관

태평염전 입구에 위치한 증도 석조 소금창고는 1953년 태평염전을 조성할 때 인근 석산에서 가져 온 돌로 만들었다. 지금은 소금박물관으로 사용하고 있어 근대유산이라는 것을 모르고 지나칠 수도 있지만 자세히 보면 일반적인 건물과는 다른 점이 많다. 염전역사와 석조건축사에 가치가 높아 등록문화재로 지정되었다.

우리나라의 염전창고는 대부분 목재로 만드는데 태평염전만 유일하게 석재로 소금창고를 만들었다. 염전의 결정지에서 운반해 온 소금을 출고 전까지 보관했다. 안으로 들어가면 돌로 세운 건축형태를 그대로 간직하고 있어 독특한 분위기를 느낄 수 있다. 이곳에서는 소금의 역사와 문화를 소개하고 있다. 미리 신청하면 태평염전에 들어가 직접 소금을 채렴하고 수차를 돌리는 소금체험을 할 수 있다.

주소 전라남도 신안군 증도면 지도증도로 1058
관람시간 매일 09:30~18:00

소금밭전망대와 태평염생식물원

소금박물관 맞은편에 있는 소금밭전망대에 오르면 시시각각 하늘빛에 따라 변하는 광활한 태평염전을 볼 수 있다. 특별히 일몰 시간을 잘 맞추면 3개의 태양을 볼 수 있다. 3개의 태양이란 하늘과 바다 그리고 염전을 붉게 물들이는 태양을 말하는 것으로 3개의 태양을 보는 순간은 숨을 멎게 할 정도로 아름답다.

염전 옆으로 펼쳐진 태평염생식물원은 태평염전에 딸린 염전습지이다. 세계적으로 보기 드문 함초(퉁퉁마디), 나문재, 칠면초, 해홍나물 등 70여종의 군락이 어우러져 유네스코 생물다양성보존지역으로 지정되었다. 이곳의 염전습지는 여름철 염전 침수를 방지하고 바닷물을 깨끗하게 정화시키는 기능을 가지고 있어 질 좋은 천일염을 생산하게 해 주는 고마운 땅이다. 약 220m의 탐방로를 따라 걸으면 짱뚱어, 칠게, 방게, 고동 등 갖가지 갯벌 생물들도 아주 가까이에서 관찰할 수 있다. *염생식물들이 알록달록 색이 들기 시작하면 누군가 대지에 그림을 그리고 있는 듯 신비로운 풍경이 펼쳐진다.

*염생식물(halophyte)은 염분농도가 높은 소금기가 있는 습지 땅에 잘 적응하여 발아, 생장, 생식, 결실 등의 전 생활사를 마칠 수 있는 형태적 특성과 체내 염분을 제거하기 위한 생리적 기작을 가지고 생육할 수 있는 육상 고등식물이다.

지구의 생태계는 하루에 100여개의 생물 종이 감소하는 위기상황이지만 태평염생식물원은 자연발생적인 다양한 동식물 생태계를 그대로 유지하고 있는 자연의 선물이다.
태평염생식물원과 신안군의 갯벌이 유네스코 생물다양성 보전지역으로 지정된 것도 이런 이유 때문이다.

우전해수욕장과 한반도 해송숲

광활한 태평염전을 지나 오른쪽으로 들어서면 울창한 한반도 해송숲과 어우러진 우전해변을 만난다. 예전에 증도와 별개의 섬이었을 때는 이곳을 우전도라 불렀다. 기러기 떼가 한 겨울을 지내고 간다하여 깃밭 또는 길밭이라 부르다가 이후에 우전(羽田)이라는 한자표기로 고쳐 불렀다. 지금도 우전리에는 저어새, 노랑부리저어새, 쇠기러기, 큰기러기 같은 겨울철새들이 찾아온다.

우전해수욕장은 100m 가량의 폭에 길이 4km의 백사장을 따라 10만 그루의 해송이 빼곡히 들어찬 숲이 있어 걸음마다 건강해지는 시간이 된다.

누가 이렇게 아름다운 숲을 만들 생각을 했을까? 그 마음이 고마운 길이다. 그런데 시작은 뜻밖이다. 바닷바람이 모래를 안고 마을로 날라 와 모래피해를 막기 위해 나무를 심기 시작했다. 시간이 지나면서 울울창창한 숲이 되었고 지금은 슬로시티의 낭만을 가득 안고 여유를 즐기기 좋은 초록 길이 되었다. 숲의 모양이 한반도를 닮아 있어 한반도 해송숲이라 부르는 이 숲은 제10회 아름다운 숲 전국대회에서 우수상을 받았다. 나무 사이를 걸으면 진짜 한반도 모양일까 궁금해진다. 증도면 사무소 뒤편 상정봉에 있는 한반도 해송숲 전망대에 오르면 깜짝 놀랄 정도로 한반도 모양과 닮아 있음을 확인할 수 있다. 차분히 걷기 좋은 우전해수욕장에는 보물섬, 황금도시를 뜻하는 엘도라도리조트가 있다.

안도면

아시아 최초의 슬로시티

증도는 2007년 아시아 최초 이탈리아 국제 연맹으로부터 슬로시티로 지정되었다. 당시에는 뱃길을 이용하던 시절로 사옥도 지신개 선착장에서 배를 타고 증도 버지선착장을 오갔다. 그 때까지만 해도 증도는 조용하고 한적한 섬이었다. 2010년 증도대교가 개통되어 차로 오는 길이 열리자 기다렸다는 듯이 사람들이 몰려왔다. 하루 방문객이 1만 명을 넘었고 CNN 선정 한국에서 꼭 가봐야 할 명소가 되었다. 증도는 슬로시티로 지정되면서 신안해저유물 발굴 이후 다시 한 번 관심을 집중시킨 계기가 된 것이다. 슬로시티 창시자인 사투르니니는 슬로시티 심사 당시 증도에 방문해서 태평염전의 전경을 보고 "너무 아름다운 곳이에요!"라고 말하며 신이 키스한 곳이라고 극찬을 했다. 슬로시티는 슬로푸드(Slow food) 운동에서 시작되었다. 패스트푸드의 대명사인 맥도날드가 1986년 이탈리아 로마에 매장을 열자 이탈리아 사람들은 큰 충격을 받았고, 지역 고유의 전통 음식을 지키려는 모임이 생겨났다. 1999년부터 이탈리아의 그레베 인 키안티에서 시작된 느린 도시, 정체성 없는 획일적인 대도시와는 반대되는 개념 만들기 운동이다.

ZOOM IN **증도의 옛 이름**

증도의 옛 이름은 물이 부족해 시루의 밑이 구멍이 난 것처럼 물이 빠져나간다는 의미로 '시루 증(甑)'자를 써서 시루섬(甑島)이라고 불렀다. 이후 전증도(앞시루섬), 후증도(뒷시루섬), 우전도를 간척하여 하나의 큰 섬으로 합치면서 '더한 섬, 늘어난 섬'이라는 뜻의 증도(曾島)가 되었다.

신안갯벌센터&슬로시티센터

신안갯벌센터&슬로시티센터에는 갯벌체험 학습실, 순비기실(갯벌자료실), 슬로시티 국제관, 슬로시티 증도관 등이 있는데 모두 무료로 관람할 수 있다.

이곳에서는 해양생물 자원과 슬로시티에 대해 체계적으로 소개하고 있어 호기심 많은 어린이를 동반한 여행이라면 갯벌의 신비한 세계를 배우고 느끼고 즐기는 기회가 된다. 신안은 조석간만의 차가 크고 해안의 드나듦이 복잡한 리아스식 해안이다. 꼬막, 바지락, 백합 등 다양한 패류와 해초류가 갯벌에 서식하며 매우 독특한 생태계를 보여준다. 신안 해산물의 맛과 영양이 특별히 풍부한 이유는 게르마늄을 다량 함유하고 있는 갯벌 덕분이다. 또한 갯벌은 염전을 조성하기 알맞아 신안의 곳곳에 염전이 많이 자리하고 있다.

주소 전라남도 신안군 지도증도로 1766-4

TIP 무료 자전거 대여소

슬로시티 증도를 제대로 즐기는 방법 중 하나는 자전거여행이다. 자전거는 지구를 살리는 착한 이동수단이며 파도, 바람, 풀벌레 소리를 몸으로 들을 수 있어 여행자를 자연과 하나로 만들어 준다. 신안갯벌센터&슬로시티센터 건물 광장에는 무료로 이용할 수 있는 자전거 대여소가 있다. 자전거 보관소는 매주 화요일부터 일요일(09:00~18:00)까지 운영하며 대여는 16:30까지 가능하다. 참고로 점심시간(12:00~13:00)은 대여와 반납이 안 된다.

자전거 대여 문의전화 061-275-8400

짱뚱어다리

2005년 증도의 갯벌 생태자원을 홍보하기 위해 설치된 짱뚱어 다리는 증도갯벌에 짱뚱어가 많아 붙여진 이름이다. 조선시대 말 정약전이 흑산도로 유배 가서 쓴 자산어보를 살펴보면 짱뚱어는 눈이 튀어나온 모양이라 철목어(凸目魚)라고 기록했다. 증도 여행 중에 갯벌의 생명력을 직접 눈으로 확인해 볼 수 있을까? 천천히 걷는 여행자라면 가능하다. 짱뚱어는 물이 완전히 빠진 후에 구멍에서 나와 갯벌 위를 미끄러지듯 먹이를 찾으러 다닌다. 그 때 어민들이 홀치기 낚시로 순식간에 낚아챈다. 여행 중 운이 좋다면 짱뚱어 잡는 독특한 방법을 직접 볼 수도 있다. 참고로 증도의 갯벌은 유네스코 생물보전지역, 갯벌도립공원, 습지보호지역으로 주민 외에 함부로 들어 갈 수 없고 갯벌에 서식하는 모든 생물은 소중한 자산으로 포획, 채취할 수 없다.

신안의 갯벌

신안의 갯벌면적은 378㎢으로 한국 전체 갯벌면적의 15%에 해당

한다. 갯벌은 약 7,000년 전 간빙기에 해수면 상승속도가 매우 느려지면서 해안선이 안정되고 퇴적물이 쌓여 형성되었다. 신안은 조차(만조와 간조 때의 해수면 높이의 차)가 최대 5m까지 차이가 나고 섬이 많으며 해안선이 복잡하여 폭 넓게 갯벌이 분포되어 있다. 갯벌의 기능은 다양한데 우선, 주민들에게 갯벌은 생업의 공간이다. 직접적으로 낙지, 망둑어 등을 잡고 감태를 채취하고 있으며 어류의 생산 및 서식지 기능을 하고 있다. 우리나라 서해안에는 230여 종의 어류, 193종의 게류, 58종의 패류, 74종의 새우류가 서식하고 있다. 다음으로, 육상에서 배출되는 오염물질을 정화하고 홍수조절 기능도 있다. 신안의 많은 양식장은 갯벌의 정화작용으로 더 좋은 품질을 유지할 수 있다. 이러한 기능들을 더하면 갯벌의 생산성이 농지에 비해 3배 이상 높다고 한다. 따라서 갯벌은 생태계 보전, 식량자원 생산 기능, 국민의 정서 공간, 재해예방 기능, 육지에서 배출되는 오염물질을 정화하는 기능 등 우리가 보전해야 될 중요한 자원인 것이다.

신안해저유물발굴기념비

1975년 8월, 증도의 북쪽 방축리 앞바다에서 섬마을 어부의 그물에 중국도자기 6점이 걸려 올라왔다. 어부의 우연한 발견은 세계를 깜짝 놀라게 하면서 세기의 발굴로 이어졌고 한국 수중고고학의 시작이 되었다. 20m 바닷속 갯벌은 무려 7백여 년 동안 배와 그 안의 보물들을 잘 보호하고 있었다. 바닷속 보물창고를 열었다고 표현하는 발굴조사는 1976년 10월부터 1984년 9월까지 9년간에 걸쳐 실시되었다. 깊은 수심, 거센 물살, 차가운 온도 등으로 인해 수중발굴 조사는 대부분 6월부터 9월 사이에만 가능했다. 문화재청 중심으로 국립중앙박물관, 해군이 참여하고 신안군이 지원하는 등 국가적 역량이 총동원되었다. 특히 해군은 해난구조대(SSU) 대원 약 200명이 투입되어 9년 동안 무려 3,474시간을 어두운 바닷속에서 문화재를 발굴하였다. 이런 노력의 결과로 베일 속에 감춰진 남파선의 실체가 드러났으며 발견된 지명을 따라 '신안선'이라 이름을 붙였다. 신안선은 1323년 여름, 중국 칭위엔(情愿)에서 출발하여 일본으로 향하던 중 고려시대 신안 앞바다에서 난파되었다. 그 시기의 아시아 대륙은 약 13,000km의 바닷길을 왕래하는 해상실크로드가 있었고 다양한 학문과 종교, 예술과 기술이 동서로 이동하는 통로가 되어 문화 황금기를 이루었다. 신안선에는 7백여 년 전의 중국 원(1271~1368) 나라 무역품들로 가득 차 있었다.

배 안에는 세계적으로 유명한 중국 도자기 2만 5천여 점을 비롯하여 금속공예품, 석제품, 동전류, 자단목, 향신료, 약재, 고려청자와 청동거울 등 총 2만 7천 6백여 점이 있었다. 선체와 유물들은 고려시대에 바다를 무대로 펼친 해상실크로드 무역활동과 동아시아의 문화교류를 생생하게 보여주는 귀중한 문화재들이다. 또한 신안해저유물 발굴은 한국 최초의 수중발굴로 국내 해저발굴의 표본이 되었고 1994년 *수중문화재 발굴 전문기관인 국립해양유물전시관을 개관하는 계기가 되었다. 신안선은 중국 푸젠성(福建省) 취안저우(泉州)에서 만든 240톤 급의 거대한 목제 범선이다. 길이 31m에 최대 승선 인원은 약 50명으로 추정된다. 배 밑은 V자 형으로 배 앞머리 선수와 배꼬리 선미는 곡선이고 중앙 구조물인 용골은 유선형이다. 이러한 배는 항해할 때 추진력이 뛰어나다. 신안바다에서 발견된 선박과 유물은 목포에 있는 국립해양유물전시관에서 전시하고 있다. 신안해저유물매장해역은 1981년 문화재 사적 제274호로 지정되었다.

주소 전라남도 신안군 증도면 해양관광길 469

 700년 전의 약속
해저유물 발굴 기념비 옆에는 작은 섬 위에 올라앉은 한 척의 배가 있다. 호기심 많은 사람이라면 절대로 그냥 지나칠 수 없는 특별한 풍경이다. 증도 해저 보물선 발굴해역의 의미를 살려 개인이 중국 송·원대의 선박 원형을 그대로 재현해 만든 배이다. 배 안으로 들어가면 1층은 카페와 음식점이고 2층은 자료 전시실로 방축리 앞바다에서 건져 올린 청자, 백자 등 유물들을 재현해 전시하고 있다. 전시실을 지나 갑판으로 나가면 시원한 바다와 함께 신안해저유물이 발견된 해역을 내려다 볼 수 있다. 652년 전에 이곳을 지나가던 배를 구체적으로 상상해 볼 수 있는 공간이다.

*수중문화재란 과거의 인류가 바다, 호수, 강연못, 육상의 습지와 같은 곳에서 생활하고 교류하는 등 다양한 활동을 하며 남겨 놓은 흔적으로 오랜 기간 물속에 잠겨있는 문화적 역사적 가치가 있는 유물을 말한다.

문준경 전도사 순교기념관

성경말씀에 세상에 빛과 소금이 되라는 말이 있다. '너는 소금이 되어라'라는 말은 어느 곳에서든 꼭 필요한 사람, 기둥이 되라는 큰 뜻을 가지고 있다. 소금은 소중한, 고귀한, 꼭 필요한 것을 상징적으로 표현할 때 은유적으로 사용된다. 증도는 우리나라에서 가장 큰 면적의 태평염전이 있는 곳이다. 인간의 생존에 꼭 필요한 소금이 나는 증도는 세상의 소금이 되고자 했던 문준경 순교자가 있는 땅이기도 하다.

증도를 기독교 성지로 만든 문준경 전도사는 누구일까? 문준경은 1891년 2월 2일 신안군 암태도 수곡리에서 태어났다. 문준경은 넉넉한 양반 가문에서 유복한 어린 시절을 보냈다. 명석하고 호기심 많았던 그녀는 남자들처럼 글을 익히고 공부를 하고 싶어 했다. 그러나 아버지에게 돌아오는 말은 "어디 여자가 뭐 할게 있다고 글을 배워?"였다. 조선의 여자로 태어난 그녀는 운명을 받아 들여야 했다. 경제적으로는 막중한 책임과 의무의 굴레만 있고 교육과 복지에는 철저히 소외당하는 시대에 여자로 태어난 것은 그 자체로 무거운 죄였다. 1908년에 17세의 어린 나이로 결혼을 해 증도에 오게 된다. 당시 혼사는 양가 어른들끼리의 약속이었다. 남편은 결혼 전부터 딴 여자와 살림을 차리고 있었기 때문에 결혼 첫날부터 문준경을 아내로 대접하지 않았다. 남편은 있지만 생과부로 살면서 시부를 친부모처럼 섬기며 효성을 다했다. 시아버지가 한글을 가르쳐 주어 밤낮으로 글을 배우는 일에만 몰두했다.

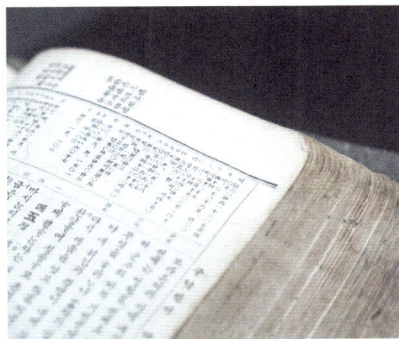

시아버지가 세상을 떠나자 증도에서 목포로 나와 삯바느질을 하며 어렵게 생활을 꾸려 나갔다. 북교동성결교회에서 이성봉 목사를 만나 크리스천이 된다. 경성성서학원에서 신학을 공부한 문 전도사는 증도로 돌아와 복음을 전파하고 교회를 개척했다. 그녀가 열정을 다해 개척한 교회는 신안 일대에 100여 곳에 이른다. 1943년 일제강점기에는 신사참배 강요를 거부해 고문을 당하기도 했다. 해방 후 신안군 섬 지역은 좌익들의 활동이 강했고 한국전쟁 중에는 인민군이 전체를 장악하고 있었다. 국군이 증도에 들어온다는 소식이 전해지자 좌익들이 교인을 처형하기 시작했다. 주위의 만류에도 불구하고 교인들이 걱정되어 증도로 돌아 온 문준경은 1950년 10월 5일 새벽, 교인 20여명과 함께 증동리 백사장에서 총살당했다. 증도면사무소 옆 증동리교회에 가면 그녀의 추모비를 볼 수 있고 그녀의 무덤은 순교 터인 증동리교회 앞바다에 있다. 2013년 증도에 문준경전도사 순교기념관이 개관했다. 전시관, 세미나실, 예배실과 함께 숙박이 가능한 생활관과 식당 등의 시설이 마련되었다. 이곳은 기독교인이라면 순례여행의 출발지가 되고 기독교인이 아니더라도 한 여인의 삶을 통해 인생의 길을 묻게 되는 성찰의 공간이다. 문 전도사의 헌신적인 전도와 비극적 순교는 2020년 2월 기점 소악도에 순례자의 길을 만드는 계기가 되었다.

주소 전라남도 신안군 증도면 문준경길 234
개관시간 하절기 09:30~17:30 동절기 09:30~17:00 주일휴관

신비의 바닷길 건너 꽃섬, 화도

우리나라 서해안은 조차가 큰 편으로 바다 갈라짐 현상이 나타난다. 주변보다 수심이 얕은 지형이 저조시 해수면 위로 드러나 육지와 섬 또는 섬과 섬 사이에 바닷길이 생기며 양쪽으로 갈라놓은 것처럼 보이는 현상이다. 화도는 국립해양조사원에서 2021년 바다갈라짐의 명소로 추천하고 있는 섬이다.

화도는 행정구역상으로는 증도면 대초리에 속한 섬이다. 섬이지만 증도와 연결된 노두길이 있어 배를 타지 않아도 된다. 예전의 노두길은 큰 돌을 가져다가 징검다리를 만들어 사용했기 때문에 물때를 모르고 가면 갇혀버리는 일도 있었다. 그러나 지금은 길을 높이고 넓혀 길이 1,2km, 폭 4m의 시멘트 포장길이 되어 차량으로 왕래가 가능하다. 화도 주변에는 갈매섬, 비겨섬, 셋섬 등의 무인도가 있다. 섬모양이 바다 위의 꽃봉오리와 같이 아름답고 마을에 해당화가 가득해 꽃섬이라 불렀다. 이후 1963년에 꽃섬을 화도(花島)로 고쳐 부르게 되었다. 다시 꽃섬이라 부르면 안 될까? 꽃만큼 고운 사람들의 이야기를 담은 드라마 〈고맙습니다〉의 촬영지가 화도였기 때문이다. 이 드라마는 지구가 뒤집혀도 사람은 아름다우며 아름다울 수밖에 없으며 처음부터 아름답기로 하고 태어난 약속된 존재라고 말하고 있다.

화도에 여름이 찾아오면 해당화가 피기 시작한다. 해당화는 바닷가에 피어서 더 아름답다 느껴지는 걸까? 화도에 활짝 핀 해당화는 아름다움과 특유의 향기로 여행자의 마음을 사로잡는다.

막 피려고 준비하고 있는 꽃봉오리는 붉은 글씨가 잘 써질 것 같이 생긴 붓 모양이다. 그래서 필두화(筆頭花)라고도 부른다. 아주 오래 전부터 해당화는 아름다움으로 칭송받는 꽃이었다. 세상에 견줄 만한 사람이 없을 정도로 뛰어나게 아름다운 양귀비(楊貴妃)는 "해당화는 아직 잠이 깨지 않았습니다."라고 얼굴이 붉어진 자신을 해당화에 비유한 일화가 전해온다.

> **TIP** 노두길에 물이 들어 왔을 때는 위험하니 잠시 기다렸다가 물이 빠지면 건너야 한다.

섬 밴댕이축제

밴댕이는 우리나라 서해와 남해에서 두루 잡히며, 특히 6월에 잡히는 밴댕이는 기름기가 많고 가시가 연하여 가장 맛이 뛰어나다고 알려져 있다. 이 때문에 "6월의 밴댕이는 봄 바다 맛을 품고 있다."는 말이 전하여진다. 전라남도 신안군에서는 증도에서 밴댕이가 가장 많이 잡혀 2002년 신안군 증도면 증도 일대에서 제1회 섬 밴댕이축제를 개최하였다.

2024년 제14회 섬 밴댕이축제는 섬밴댕이축제추진위원회의 주관으로, 증도 설레미 체험장에서 열렸다. 밴댕이 가요제, 축하 공연, 갯벌 바지락 잡기 체험, 맨손 장어 잡기, 갯벌 페인팅 대회 등 다채로운 프로그램이 펼쳐졌다. 그 밖에 신안군 수산물의 소비 촉진과 어업인 소득 증대를 위한 농수산품 판매 행사와 먹거리 부스를 운영하였다. 먹거리 부스에서는 갓 잡은 싱싱한 밴댕이를 활용한 회나 초무침, 구이 요리가 제공되었다. 2024년 축제에서는 맛보고 즐기는 행사 이외에 '민어 치어 방류 행사'를 진행하였다.

증도는 아시아 최초의 슬로시티로 지정되었으며, 유네스코 생물권보전지역, 습지보호지역, 람사르 습지, 전국 최초 갯벌 도립공원으로 인증받아 섬 밴댕이축제 외에도 다양한 축제를 개최한다. 섬 밴댕이축제가 열리는 설레미체험장 인근에는 엘도라도 리조트 등 숙박 시설이 잘 구비되어 있다. 최근에는 증도에서 열리는 섬 밴댕이축제와 지도에서 열리는 섬 병어축제 시기를 맞추어 두 축제를 한꺼번에 즐길 수 있도록 하였다.

주소 전라남도 신안군 증도면 우전길 42

월드바둑챔피언십

전라남도 신안군에서 태어나 성장한 이세돌(李世乭)은 역대 조훈현, 이창호, 조혜연, 최철한에 이어 최연소 5위로 입단하였고, 1999년 3단이 된 뒤로 크게 활약하기 시작하여 2000년에는 32연승을 거두며 최우수 기사상을 수상하였다. 전 세계 최고 수준의 기사로 평가받고 있는 이세돌을 배출한 신안군은 바둑의 매력을 널리 알리는 바둑 문화의 확산과 바둑 산업 발전을 위하여 2019년부터 월드바둑챔피언십 바둑대회를 개최하였다.

첫해는 '1004섬 신안 국제시니어 바둑대회'로 시작되어, 2023년 '월드바둑챔피언십'으로 명칭이 바뀌었다. 2020년에는 코로나19로 인하여 대회를 개최하지 못하였고, 2021년과 2022년에는 비대면 온라인 방식으로 진행하였다. 월드바둑챔피언십은 한국, 중국, 대만, 일본, 유럽, 아메리카, 오세아니아, 동남아시아 등 다양한 국가의 만 50세 이상 시니어 바둑 기사들이 참가하는 대회이다.

우승 상금은 3000만 원, 준우승 상금은 1500만 원, 총상금은 1억 원이다. 1회전부터 결승까지 16강 단판 토너먼트로 진행되는 개인전과 팀의 승수로 순위를 가리는 단체전으로 진행되었다. 제한 시간은 각자 30분에 60초 초읽기 3회가 주어진다.

월드바둑챔피언십 대회는 전라남도와 신안군이 후원하고, 한국기원이 주최하며, 한국기원과 신안군바둑협회가 공동 주관하고 있다.

주소 전라남도 신안군 증도면 지도증도로 1766-4

나는 맨드라미가 좋다
병풍도

20여 년째 맨드라미를 그리고 있는 한 남자가 있다. "태양을 정면으로 응시한 붉은 꽃의 열정, 광택 도는 검은색 씨가 품은 욕망은 그 자체로 인간의 삶을 은유하기 충분하다. 맨드라미 속에서 사막 가운데 선 듯한 장엄함과 숭고함이 느껴진다."고 말하는 화가의 이름은 김지원. 독일 유학에서 돌아온 직후 강원도 작은 학교의 정원에서 우연히 만난 맨드라미는 화가를 매혹시켰고 오래도록 맨드라미를 소재로 다양한 변주를 보여주고 있다. 화가가 그토록 사랑한 맨드라미가 가득한 섬이 신안에 있다. 섬 주민들이 버려진 황무지를 일궈 맨드라미세상으로 바꾼 병풍도로 가보자.

여객선 타기

송도어시장에서 싱싱한 제철 생선으로 점심식사를 한 후 오후 2시 송도선착장에서 출발하는 여객선을 타고 30분 시원한 바다를 구경하다보면 어느새 보기선착장에 도착한다. 병풍도에 간다 했는데 보기선착장에서 내리라하면 초행길인 여행자는 잠시 어리둥절 고개를 갸웃거린다. 원래 보기섬은 별개의 섬이었다. 병풍도와 방조제로 연결하여 농경지와 염전을 만들면서 한 몸이 되었기에 옛 섬의 이름을 살려 보기선착장이라 부르게 된 것이다. 병풍도 선착장이라 하지 않는 것이 영 못마땅하다 여기던 도시 사람들이 설명을 듣고는 고개를 끄덕인다. 보기선착장에서 출발하여 송공선착장으로 가는 마지막 배는 오후 6시. 병풍도는 하루여행으로 다녀오기 좋은 섬이다.

마을로 들어서자마자 매우 특이한 나무가 여행자의 눈을 크게 뜨게 만든다. 세 그루의 나무가 마치 알을 품듯 큰 바위를 감싸 안고 있는데 흔하게 볼 수 없는 모습이다. 병풍도 여행이 잘 마무리되었다면 조금 여유를 두고 보기선착장에 도착 해 왼 쪽에 위치한 S자 노두길을 따라 신추도에 다녀오는 일정을 추가해도 좋다. 참고로 송도선착장이나 증도 버지선착장에서 여객선을 타고 출발하면 보기선착장에 도착하고 압해 송공선착장이나 무안 신월선착장에서 출발하면 뱃나시 선착장에 도착한다. 병풍도는 크지 않은 섬이지만 북쪽에 보기선착장, 남쪽에 뱃나시 선착장 두 곳이 있다.

맨드라미 섬

과거의 병풍도는 1000여명의 사람들이 거주하는 활기 찬 섬이었지만 도시를 향해 하나 둘 떠나면서 현재 약 250여명의 사람들이 살고 있다. 그나마도 대부분 어르신들이다. 병풍 분교는 폐교가 되었다. 돌보지 않는 땅도 늘었다. 폐허로 변해가는 병풍도를 아름다운 섬으로 만들자는 신안군의 제안에 주민들이 팔을 걷어붙이면서 작은 기적이 시작되었다. 잡목과 우거진 풀을 제거하고 거친 땅을 일궈 전국에서 가장 넓은 맨드라미 섬으로 가꾸었다. 맨드라미는 가을이 되어 밤 기온이 뚝 떨어지면 꽃 색이 더욱 화려해 진다. 병풍도에 가을이 찾아오면 12ha면적에 46품종 200만 본의 맨드라미가 화려하게 피어난다.

맨드라미 꽃동산 이외에 보기선착장에서 시작하는 4km 구간과 맨드라미 거리 10km가 꽃길로 이어져 맨드라미섬으로 변신한다. 2019년 가을, 병풍도에서 전국 최초로 맨드라미 마을축제가 열렸다. 그 때 '천사의 바다정원에 핀 맨드라미展'을 준비해 맨드라미가 예술로 승화된 다양한 작가의 작품을 감상할 기회를 마련했다. 열정의 상징인 맨드라미를 열정적으로 오랜 시간 그린 김지원 화가의 작품도 병풍도에서 만날 수 있었다. 가을이 아니라도 맨드라미의 매력이 궁금하다면 언제든 병풍도가 답을 준다. 맨드라미섬으로 특화하면서 병풍도의 지붕을 맨드라미를 상징하는 붉은 색 옷으로 갈아 입혔다. 맨드라미 공원에 오르면 마을을 한눈에 내려다보기 좋은데 푸른 바다와 초록 초록한 대지 위에 까치발을 하고 올라 온 빨강 지붕들은 마치 커다란 맨드라미가 핀 것 같이 예쁘다.

마을 골목길을 조용조용 걷다보면 잘 그려진 그림들이 맨드라미의 감성에 흠뻑 빠지게 한다. 맨드라미 꽃동산에는 맨드라미 카페 옆에 이름이 재미있는 '놀래라 화장실'이 있다. 화장실 안에서 볼일을 보면서 투명 유리를 통해 멋진 바다 뷰를 감상할 수 있는데 밖에서는 안이 안 보이니 안심하라는 문구가 적혀 있다. 재치 있는 발상이 여행의 재미를 더해준다.

★ POINT 조선시대 그림 속 맨드라미의 의미

맨드라미는 5월부터 7월 사이에 파종을 하면 7월에서 8월에 원줄기 끝에 닭의 볏처럼 생긴 꽃이 핀다. 모양이 수탉의 벼슬과 비슷하게 생겨 조선시대에는 계관(鷄冠), 계두(鷄頭)라고 불렀고 빨간색의 맨드라미가 그려진 조선시대의 그림은 벼슬길에 나아감을 의미했다. 닭과 함께 그려지는 경우는 벼슬길에서 잇달아 승진하기를 기원하는 관상가관(冠上加冠)의 마음을 담고 있다.

노두길

신안은 1004개의 섬들로 이루어져 있어 천사섬이라 부른다. 이런 설명을 들으면 누구나 믿을 수 없다는 눈으로 같은 질문을 한다.

"진짜 섬이 1004개 있나요?"

신안군이 항공사진을 통해 확인한 섬의 수는 1,025개. 이 중 바위로만 이루어진 21개의 섬을 제외하면 1004개라고 한다. 신안의 바다는 천여 개의 섬들로 빼곡하게 들어차 있고 그 아래는 거대한 갯벌이 숨 쉬고 있다. 썰물 때에는 갯벌이 드러나 나룻배가 다닐 수 없어 갯벌 위에 징검다리를 놓고 건너다녔다. 이 길을 노두(露頭)길이라고 한다. 이 길은 하루에 두 번 열리고 또 두 번 물에 잠긴다. 물이 차고 빠지면서 돌에 물이끼나 해초가 붙어 미끄럽기 때문에 일 년에 한 번씩 마을주민이 모여 돌을 뒤집으며 해초 제거작업을 했다. 노두길은 조금 때면 물이 조금 덜 들어오고, 사리 때면 물이 더 많이 들어온다. 물 들어오는 시간도 매번 다르다.

지금은 징검다리 위에 시멘트 포장을 해서 트럭도 다닐 수 있다. 그렇다고 완전히 바닷물을 막은 것은 아니다. 물이 들어오면 자연스레 잠긴다. 노두길 양쪽으로 펼쳐진 광활한 갯벌은 병풍도의 가장 큰 재산이다. 유네스코 생물 보존 지역으로 지정된 갯벌에서 낙지, 게, 고둥, 조개 등이 서식하고 있다. 975m 길이의 노두길을 건너 대기점도에 도착하니 순례자의 섬 2번째 코스인 생각하는 집(안드레아)이 맞아준다. 병풍도의 가장 큰 특징은 대기점도, 소기점도, 소악도와 노두로 연결되어 있다는 것이다.

병풍바위

병풍도는 50m 높이의 나지막한 구릉지를 제외하면 대부분이 평지로 되어 있어 걷기 편한 섬이다. 보기선착장에 내려 맨드라미 꽃동산을 지나 마을구경을 마쳤다면 섬 이름이 된 병풍바위를 빠뜨릴 수 없다. 병풍도는 서북쪽의 산이 바닷물과 북서계절풍에 의해 깎이고 부서져 그 모양이 마치 병풍처럼 보인다 하여 병암(屛岩)이라 부르다가 1914년 병풍(屛風)으로 섬 이름을 고쳐 부르게 되었다. 그 모습이 너무도 아름다워 신선이 내려와 살면서 병풍도라는 이름을 붙였다는 이야기가 전해온다.

★ POINT 전설 속 맨드라미

옛날 어느 나라에 무룡이라는 장군이 있었다. 이 장군은 충신이었다. 간신들은 무룡장군을 왕 근처에 두지 않으려고 계속 전쟁터로 보냈다. 장군은 왕을 조금도 원망하지 않고 오직 나라를 걱정하는 마음으로 10여 년을 전쟁에 있다가 적군의 완전한 항복을 받고 돌아왔다. 왕은 임무를 마치고 무사히 돌아 온 무룡장군을 크게 환영해 주었다. 그러나 장군을 못마땅하게 여기는 간신들의 음모는 날이 갈수록 심해졌다. 장군은 차라리 전쟁터가 더 편하다고 생각하고 다시 전쟁터로 나가게 해달라고 왕에게 청했다. 간신들은 무룡장군이 자기가 왕이 되려는 생각을 품고 있다고 거짓으로 말을 꾸몄다. 크게 놀란 왕은 무룡장군을 잡아오라 명했다. 왕의 부름을 받고 온 무룡장군은 결백을 주장했지만 삼십 명의 무사들이 달려들어 깊은 상처를 입고 쓰러진다. 이때 간신들 중 우두머리가 나서며 왕을 죽이려 했다. 왕은 이제야 충신을 알아보지 못한 자신을 눈물로 후회했다. 상처를 입고 쓰러져 있던 무룡장군이 일어나 마지막 힘을 다해 왕을 구하고 자신은 죽게 된다. 왕은 무룡장군의 장례를 성대하게 치러 주었다. 얼마 후 무룡장군의 무덤에서 마치 방패처럼 생긴 꽃이 피어났다. 이 꽃을 사람들은 맨드라미라고 불렀다.

 병풍도 가는 길

▶ 지도 송도선착장 (신안군 지도읍 송도2길 68)
송도 → 병풍(보기) : 07:00, 09:00, 11:00, 14:30, 17:00
병풍(보기) → 송도 : 07:30, 09:30, 11:30, 15:00, 18:00

▶ 압해 송공선착장 (신안군 압해읍 압해로 1852-14)
송공 → 병풍(뱃나시) : 07:40, 10:30, 15:00
병풍(뱃나시) → 송공 : 09:07, 12:05, 16:34

▶ 무안 신월선착장 (무안군 운남면 내리 1004-4)
신월 → 병풍(뱃나시) : 11;30, 16:00 / 병풍(뱃나시) → 신월 : 14:27

▶ 증도 버지선착장 (신안군 증도면 대초리 1648-10)
버지 → 병풍(보기) : 17:15 / 병풍(보기) → 버지 : 17:00

섬 맨드라미축제

병풍도는 전라남도 신안군 증도면 병풍리에 속한 섬으로 증도면 소재지에서 동남쪽으로 8㎞ 떨어진 해상에 있다. 증도, 지도, 압해도의 중심에 위치하며, 노둣길로 연결되는 대기점도, 소기점도, 소악도가 있고 가까이에 매화도, 선도, 화도 등의 작은 섬들이 있다. 과거 병풍도는 1,000여 명이 거주하는 섬이었지만 도시로 인구가 유출되면서 2022년 현재 약 250여 명이 거주하고 있고, 대부분 노인들이다. 증도초등학교 병풍도분교가 폐교되고 돌보지 않는 땅도 늘어 갔다. 폐허로 변하여 가는 병풍도를 아름다운 섬으로 만들자는 신안군의 1섬 1정원 사업 제안에 주민들이 팔을 걷어붙이면서 잡목과 우거진 풀을 제거하고 거친 땅을 일구어 전국에서 가장 넓은 맨드라미 섬으로 가꾸었다. 2022년 제1회 섬 맨드라미축제를 신안군 증도면 병풍리 맨드라미정원 일원에서 개최하였다.

섬 맨드라미축제가 펼쳐지는 맨드라미정원은 총면적 17.9㏊ 규모이며, 444만 본, 약 1억 4000만 송이의 형형색색 맨드라미가 관광객을 맞이한다. 맨드라미 꽃은 닭벼슬 모양, 촛불 모양, 여우 꼬리 모양 등 다양한 모습을 갖추고 있다. 축제 행사에서는 맨드라미 사진전, 병풍도 사진관과 함께 봉숭아 손톱 물들이기 등의 체험이 있고, 주민들이 만든 맨드라미 차를 시음하거나 맨드라미 소금을 구매할 수 있다. 카페와 푸드 존 쉼터에서는 작은 문화 행사가 열리고, 워킹 플라이 데이, 먹거리 등의 부대시설도 갖추고 있다. 병풍도에 가려면 송도선착장에서 출발하는 여객선을 타고서 약 30분 후에 병풍도 보기선착장에 도착한다. 신안군은 관광객의 교통 편의를 위하여 축제 기간 동안 선박 운항을 증편한다.

주소 전라남도 신안군 증도면 병풍리

여행이 가진 힘을 믿어 봐
기점 소악도

마음의 짐, 이 짐의 무게는 과연 얼마나 될까? 어떤 첨단 과학 기술로도 마음의 무게는 잴 수 없다. 그러니 타인이 대신 나눠 질 수 도 없다. 오롯이 내가 해결해야할 문제다. 인생이란 대체 뭘까? 사람들은 무언가 없다 느껴지면 자꾸 채우려고만 한다. 조용함을 못 견디고 끊임없이 말을 쏟아 낸다. 그럴수록 더 깊은 수렁에 빠진다. 빈 공간에서 침묵을 존중하고 자신을 좀 무심하게 놔둘 시간이 필요하다. 모든 것이 고요해지고 문제가 사라진 다음에 찾아오는 평화가 간절해지는 순간이 있다. 그럴 때 여행의 힘을 믿고 훌쩍 떠나보자.

도시에서 벗어나 그곳에 발이 닿기만 해도 마음의 짐이 한결 가벼워지는 여행지가 있다. 걷기만 해도 여행의 반이 이미 성공인 섬, 기점소악도이다. 그곳은 여러 가지 비밀을 가지고 있다. '자발적 가난, 즐거운 불편'을 컨셉으로 하고 있으며 노두길로 연결 된 섬길은 물때를 못 맞추면 한참을 기다려야 바다길이 열리는 신비한 풍경을 가졌다. 그리고 무엇보다 꾸미지 않은 원초적 풍경과 온종일 아무 일도 안 일어날 것 같은 마냥 조용한 섬이다.

오! 나는 행복하다.

길은 압해 송공선착장에서 출발한 여객선을 타고 대기점도로 향하면서부터 시작된다. 대기점도(大奇點島)? 무슨 의미인지 궁금해지는 독특한 지명이다. 김해 김씨 가족 4명이 각각 다른 섬에 살았는데 막내 동생이 살고 있는 이곳을 기점으로 해마다 만났다하여 붙여진 지명 유래와 섬이 점을 찍어 놓은 듯 기묘한 모양이라서 기점도라 했다는 유래가 전해온다. 이곳을 기점으로 형제들이 만났다면 기점의 한자 표기는 基點이 되어야 맞다. 지도를 찾아 자세히 섬 생김새를 살펴보니 마치 점을 찍어 놓은 듯 기묘하다는 의미의 奇點이 더 설득력 있는 유래로 보인다. 수수께끼 같은 섬 이름을 생각하는 동안, 배는 신안의 섬숲을 지나 어느새 도착이다. 승선 후 한 시간이 빠르게 지나갔다. 선착장에는 그리스 산토리니의 둥근 푸른 지붕을 연상하게 하는 작은 모양의 집이 마중 나와 있는 듯 서 있다. 거친 터치의 흰 회벽은 푸른 바다와 잘 어울린다.

건강의 집(베드로)이라 부르는 건축물에는 순례자의 길이 시작됨을 알리는 작은 종이 걸려 있다. 댕댕댕~ 시작 종소리를 듣자마자 '오! 나는 행복하다.'는 말이 툭 입 밖으로 굴러 나오며 마음이 미소 짓는다. 아니 이럴 수가! 설레는 마음이 이상하다. 여행은 힐링해주는 힘이 세구나. 눈물이 고였던 흔적을 지우고 방랑자에서 순례자가 되어 출발~ 첫 번째 건강의 집에서 부터 열두 번째 지혜의 집까지의 거리는 12km. 어른 걸음으로 3시간이 소요된다. 하지만 바쁠 일 없다. 여기서는 느린 걸음도 칭찬받는 착한 섬이다. 인생길에서 방황하지 말고 한바탕 잘 놀고 가자.

 기점도 위치

목포에서 북서쪽으로 25km 떨어진 해상에 위치하고 있다. 북쪽에는 병풍도, 남쪽에는 소기점도, 동쪽에는 마산도, 서쪽에는 화도가 있다. 섬은 최고 높이 88.5m로 섬 전체가 대부분 평지이다. 6개의 섬(병풍도, 대기점도, 소기점도, 소악도, 진섬, 딴섬)이 모두 노두길로 연결되어 있다.

자동차와는 잠시 헤어지기

12개의 작은 건축물을 만나는 순례자의 섬은 어떻게 만들게 되었을까? 그 시작은 2016년 전라남도의 가고 싶은 섬 사업으로 기점도와 소악도가 선정되면서 부터이다. 마을가꾸기 사업 테마를 정하는데 주민의 80% 이상이 기독교인이라는 점과 한국교회 역사상 최초의 여성 순교자인 문준경 전도사가 노두길로 건너다니던 섬이었다는데 착안해 순례자의 섬으로 정했다. 기점도와 소악도 주민들도 흔쾌히 동의했다. 신안군에서 100여 곳의 교회를 개척했던 문 전도사의 헌신적인 전도와 비극적 순교가 이 땅에 밀알로 심겨져 오늘날 12사도의 집으로 새롭게 태어났다고 해도 과언이 아니다. 2019년 우리나라, 프랑스, 스페인의 건축가와 미술가들이 1년간 예수의 12사도를 모티브로 작은 건축물 12개를 지었다. 3평의 이국적인 건축물들은 크고 작은 5개의 섬(대기점도, 소기점도, 소악도, 진섬, 딴섬)에서 노두길을 건너며 만난다. 조용히 묵상하며 스스로를 돌아보기 위해 떠나 온 여행자를 품어주는 따뜻한 길이다.

사람만 겨우 건너다니던 징검다리 노두길이 이제는 시멘트로 포장되어 자동차로 다닐 수 있는 길이 되었다. 그렇지만 이곳에서는 자동차와 잠시 헤어지기를 권한다. 여행의 맛은 두 발로 걸어야 제대로 느낄 수 있다. 차를 타고 주마간산으로 경치를 본 사람은 책장을 휘리릭 넘기기만 한 사람과 같다. 천천히 시간을 두고 책을 읽어 낸 사람의 깊이를 따라갈 수 없는 것과 같은 이치이다.

순례자의 섬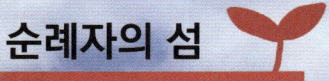

대기점도, 기점도, 소악도, 진섬, 딴섬 5개의 크고 작은 섬이 노둣길로 이어져 물이 차면 길이 사라졌다가 물이 빠지면 다시 보이는 기적의 순례길이다. 순례길 곳곳에서 만나는 작은 건축미술 작품(예배당)에 들려 묵상, 기도, 쉼, 명상을 할 수 있다.

① 건강의 집　　베드로　　　　　　　　　　작가 김윤환

대기점도 선착장에 위치한다. 그리스 산토리니의 둥근 푸른 지붕과 흰 회벽으로 거칠게 마감한 외벽 그리고 수채화가 그려진 내부가 푸른 바다와 잘 어울린다. 순례길의 시작을 알리는 작은 종이 있다.

2 생각하는 집   안드레아   작가 이원석

병풍도로 가는 노두길을 배경으로 북촌 마을 동산에 있다. 두 개의 높고 둥근 지붕이 있는 건축미술 작품으로 해와 달의 공간으로 나눈 실내 디자인이 독특하다.

3 그리움의 집   야고보   작가 김강

대기점도 큰 연못을 지나 숲 속에 위치한다. 논길을 따라 걷다보면 숲 입구에 붉은 기와의 작은 예배당이 있다. 심플한 디자인에 로마식 기둥을 입구 양쪽에 세워 안정감이 돋보인다.

4 생명 평화의 집   요한   작가 박영균

대기점도 남촌마을 팔각정 근처에 있다. 단정한 하얀 원형 건축물 안으로 들어가면 천정의 스탠드글라스를 통해 들어오는 빛이 아름답다. 치마처럼 펼쳐진 계단과 예배당 입구의 염소 조각이 눈길을 끈다.

5 행복의 집   필립   작가 장미셸 후비오, 부루노, 파코

대기점에서 소기점으로 가는 노두길 입구에 있다. 프랑스 남부의 전형적인 건축형태를 띠고 있다. 적벽돌과 갯돌, 적삼목, 동판을 덧댄 유려한 지붕 곡선과 꼭대기의 물고기 모형이 독특하다.

6 감사의 집   바르톨로메오   작가 장미셸, 알룩

기점도 큰 호수 위의 위치한다. 자연을 흡수하는 우아한 형태의 건축물이 물위에 한 송이 꽃처럼 떠 있다. 색유리와 스틸의 앙상블로 물에 비치는 모습이 특별하다.

7 인연의 집   토마스   작가 김 강

소기점도 게스트하우스 뒤편에 있다. 푸른 초원을 배경으로 단정한 사각형의 흰색 건축물이다. 별들이 내려와 박힌 듯 한 구슬 바닥과 푸른색 문이 인상적이다.

TIP 소기점도에서 소악도로 향하는 노두길 입구에 마을 식당이 있다. 순례자의 길 중간에 위치하고 있어 잠시 쉬면서 차를 마시거나 한 끼 식사가 가능하다.

8 기쁨의 집 　 마테오　　　　작가 김윤환

소기점도에서 소악도로 가는 노두길 위에 있다. 신안의 상징적 자연물 갯벌 위에 세운 건축미술 작품으로 러시아 정교회를 닮은 황금빛 양파지붕이 아름답다.

9 소원의 집　　작은 야보고
작가 장미셸, 파코

소악도 둑방길 끝에 있다. 프로방스풍의 아름다운 오두막을 연상시킨다. 고목재를 사용한 동양의 해학적인 곡선과 서양의 스탠드글라스가 물고기 모형으로 어우러진 건축물이다.

10 칭찬의 집　　유다
작가 손민아

소악도 노두길 삼거리에 있다. 그림 속에서나 볼 것 같은 예쁜 뾰족지붕의 부드러운 곡선과 작고 푸른 창문이 여럿 있는 작은 예배당이다.

11 사랑의 집　　시몬
작가 강영민

진섬의 솔숲에 있다. 자연을 안으로 받아들인 시원한 작품으로 두터운 흰 벽이 완만한 경사를 이루며 조가비 문양 부조가 아름답다. 내부 창을 통해 지혜의 집이 보인다.

12 지혜의 집   가롯 유다   작가 손민아

모래 해변을 건너가는 아주 작은 크기의 딴섬에 있다. 순례자의 길에서 만나는 마지막 건축물로 몽쉘미셀의 성당을 연상시키는 뾰족 지붕과 붉은 벽돌, 둥근 첨탑이 매력적이다.

차가 오고가는 복잡한 도심에 있다가 덜 붐비는 공원 안으로 들어 왔을 때 마음이 맑아지고 차분해지는 순간을 누구나 기억하고 있다. 그렇듯 순례자의 섬은 조용함 속에서 타박타박 내 발소리를 들으며 생각하는 시간을 가지려는 사람들이 찾아오는 섬이다.

기점 소악도
순례자의 섬

 ## 대기점도 가는 길

압해 송공선착장(신안군 압해읍 압해로 1852-14) 출발 → 당사도 →
소악도 → 매화도 → 소기점도 → 대기점도 도착 (1일 4회 운항)
▶ 송공 → 대기점도 06:50, 09:30, 12:50, 15:30(약 1시간 소요)
▶ 소악도→ 송공 08:25, 14:25, 17:05(약 40분 소요)
　※토, 일요일 2항차 오는 편 소악도 기항

딴섬
12 지혜의 집 가롯유다

소원의 집 작은 야고보
9 소악도

마을식당 &게스트 하우스
8
기쁨의 집 마태오

인연의 집 토마스
7
감사의 집 바르톨로메오

소기점도

진섬
11 사랑의 집 시몬
10 칭찬의 집 유다 타대오

소악도 선착장

소기점 선착장

TIP

▶배편은 계절 및 해상의 기상상태에 따라 변동될 수 있으니 출발 전에 꼭 일기예보를 확인하고 여객선사에 문의해야 한다.
해진해운 061-279-4222, 압해 송공항 061-244-0803

▶신안군 지역은 같은 섬이라도 시간에 따라 도착하는 선착장이 다를 수 있으므로 미리 확인해야 한다.

▶요금은 계절에 따라 변동 될 수 있다.

라이징 스타
임자도

임자? 섬 이름이 흥미롭다. 임자란 부부 사이에서 상대편을 서로 부르는 말이다. 물론 임자도(荏子島)의 임자는 전혀 다른 뜻을 가지고 있다. 임자(荏子)는 동의보감에 나오는 말로 들깨라는 의미. 그래도 임자라는 말은 정감 있어 좋다. 부부가 되는 인연을 연분이라고 하는데 연분은 하늘이 베푼 인연이라고 한다. 임자도로 향하는 길이 임자를 만나러 가는 길이면 좋겠다는 생각을 해 본다. 같은 생각을 하는 사람이 있나보다. 임자면 사무소 맞은편에 임자만났네 마을이 있다. 농촌체험마을로 갯벌 카약체험이 가능하고 드론교육장, 커뮤니티센터가 있다. 임자대교가 2021년 3월에 개통되면서 육지와 임자도를 잇는 차량 통행이 시작되었다.

이제 지도에서 차로 3분 임자대교를 달리면 임자도에 도착한다. 개통되자마자 많은 사람들이 기다렸다는 듯이 임자도로 향하고 있다. 최근 우리나라에서 가장 뜨는 여행지가 임자도라고 해도 과언이 아니다. 임자대교 개통으로 임자도는 기대되는 대세 여행지, 라이징 스타가 되었다. 앞으로 대스타 여행지가 될 일만 남았다.

고마운 모래 이야기

임자면에 있는 유인도는 임자도를 비롯하여 수도, 재원도가 있고 무인도는 육타리도, 목섬, 만지도 등 바다에 진주를 뿌려 놓은 듯 올망졸망한 섬들이 60개나 있다. 임자면의 주섬인 임자도를 설명하려면 임자도를 살찌우는 고마운 모래이야기를 먼저 해야 한다. 이건 또 무슨 말인가? 모래가 고맙다고? 궁금하다면 임자도에서 가장 인기 있는 대광해변으로 가보자. 도착하자마자 규모에 놀란다. 우리나라에 이런 해변이 있었나 눈이 휘둥그레 해진다. 두 발로 걸어보고 싶다면 2시간이나 걸리는 전국에서 가장 긴 12km의 해변이다. 한국전쟁 때 군수송기의 이착륙장으로 쓰였다는 백령도 사곶해변의 길이가 3km인데 4배나 긴 대광해변은 장관이라는 말이 절로 나온다. 물이 빠지고 나면 입자가 가는 규사토 백사장이 펼쳐지면서 승마를 타는 사람들이 바닷가 풍경을 더욱 이국적으로 만들어 준다. 대광해변은 북서풍을 직접 받아 모래가 바람을 타고 이동하면서 쌓인 사구이다. 바다와 모래가 함께 만들어 임자도에게 준 큰 선물이다. 임자도는 전체 면적의 절반가량이 해수면 아래에 있었다. 섬 주민들이 돌을 지고 와 섬과 섬 사이 바다에 둑을 쌓았다.

150여 년 동안 갯벌을 메워 논과 염전을 만드는 노력 끝에 6개로 나눠져 있던 섬이 하나의 섬으로 합쳐졌다. 그래서 당시에는 육섬이라 불렀다. 임자도는 섬이지만 간척을 하면서 만든 넓은 평야가 있어 주민의 85%가 농사를 짓는다. 갯벌에서 흙을 가져와 깔아 개간한 모래 토양은 임자도의 대파를 잘 키워내 전국에서 일등품질을 자랑한다. 4월이면 많은 사람들을 불러 모으는 전국 최대 규모 13만 헥타르의 튤립공원도 모래밭이다. 전장포 인근 바다는 새우들이 살기에 최적의 환경인 모래가 넓게 펼쳐 있다. 전장포이 젓새우로 우리나라에서 엄지척인데 그 이유도 역시 모래덕분이다. 임자도(荏子島)라는 이름도 모래와 연관이 있는데 모래토양은 자연산 들깨(荏子)를 많이 생산할 수 있도록 해줘서 들깨섬라는 의미의 이름으로 부르게 되었다고 한다.

임자도 위치

신안군의 최북단에 위치한 임자도는 신안군에서 두 번째로 큰 섬이다. 동쪽에는 지도읍, 남쪽으로는 증도면과 이웃하고 있다. 2021년 3월 임자대교가 완공되면서 육지와 이어진 섬이 되어 언제든 쉽게 갈 수 있다. 서울, 광주, 목포로 오가는 고속버스 운행도 연육교 개통과 함께 시작되어 서울에서 원스톱으로 임자도 왕복이 가능해졌다.

국도24호선을 이어준 임자대교

육지와 임자도를 잇는 임자대교가 2021년 3월 19일에 개통되면서 차량 통행이 시작되었다. 임자대교는 차로 3분이면 지나가기 때문에 세심하게 보지 않으면 지도와 임자도 사이에 수도라는 섬이 있어 두 개의 다리가 있다는 것을 모르고 지나치기 쉽다. 임자면 진리에서 수도와 연결되는 임자1대교는 길이 750m로 파랑색이고 수도를 건너 지도읍 점암리로 향하는 임자2대교는 길이 1,135m로 붉은색이다. 합친 다리 길이는 총 4.99km이며 2주탑 사장교 양식으로 2013년 10월에 착공해 90개월에 걸쳐 완공되었다. 신안군에서는 12번째 대교로 천사대교 다음으로 큰 규모이다. 임자대교가 연결한 길은 임자도를 기점으로 출발하는 국도24호선이다. 총거리 413.4km로 최종 목적지는 울산광역시 남구 무거동까지 이어진다. 그래서 국도24호선은 다른 이름으로 신안울산선이라 부르기도 한다.

임자대교는 왕복2차선으로 바다위의 길이다. 안전한 이용을 위해 제한속도 60km를 꼭 지켜야 한다. 섬과 육지가 이어지는 연육교에 대해 부정적인 사람들도 있다. 섬이 가지고 있는 고유의 문화가 낭만이 없어진다고 걱정을 한다. 그런 걱정을 하는 사람들의 마음도 이해는 되지만 지도가 무안군과 연육되기 전에 임자도에 가려면 목포에서 뱃길로 4시간 이상이 걸렸다. 지도가 연육 되고 난 후에도 지도 점안선 착장에서 배를 타고 임자도 진리선착장까지 가야하는 불편을 섬 주민들은 감수해야 했었다.

사람들이 다니는 길만 힘든 것이 아니라 천일염과 대파 등 농수산물 유통량이 큰 임자도는 적기 운송을 하느라 참으로 고단했다. 이제 임자도는 언제든 육지로 오고가는 3분 거리가 되었다. 임자대교 개통에 발 맞춰 서울, 광주, 목포, 신안군청 앞에서 고속(시외)버스를 타고 한 번에 임자도에 갈 수 있게 된 것이다. 임자대교는 교통만 편리해진 것이 아니라 교통약자 등 고령층의 의료·문화·복지· 접근성 개선으로 삶의 질 향상되었다. 사람들의 마음까지 가깝게 이어주고 있는 것이다.

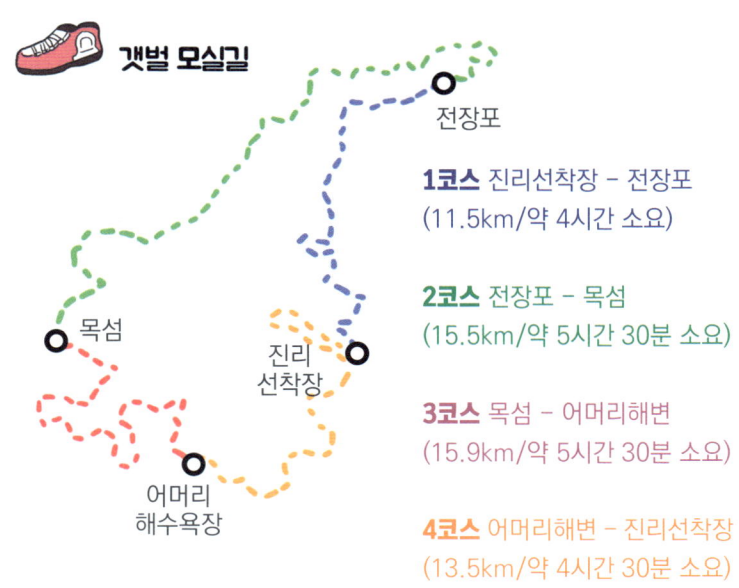

갯벌 모실길

1코스 진리선착장 – 전장포
(11.5km/약 4시간 소요)

2코스 전장포 – 목섬
(15.5km/약 5시간 30분 소요)

3코스 목섬 – 어머리해변
(15.9km/약 5시간 30분 소요)

4코스 어머리해변 – 진리선착장
(13.5km/약 4시간 30분 소요)

신기한 풍경 대파정원

임자도의 여행은 임자대교를 건너 오른편으로 방향을 잡았다. 염전을 지나 새우로 유명한 전장포로 향하는 길에 생애 처음 보는 낯선 풍경을 만났다. 바다를 이웃하고 끝없이 펼쳐진 청녹색 평원은 뭘까? 멈추어 살펴보니 대파였다. 마을 안 텃밭부터 평야까지 땅위에는 온통 짙푸른 대파로 가득했다. 해가 지면 고층 아파트에서 잠을 자고 해가 뜨면 빌딩 숲 속에서 일을 하며 매일을 살아내는 도시사람에게 이런 세상이 있다니 놀랄 일이다. 생각지도 못했던 대파 물결을 만나면서 와~ 탄성이 절로 나왔다. 대파는 마치 섬 안에 잘 꾸며 놓은 정원처럼 보였다. 대파정원.

갑자기 대파 값이 올랐다. 손으로 작게 잡히는 대파 한단 가격이 만원까지 올랐다. 언론에서 금파라 부르고 파테크(파+재테크)라는 신조어까지 나왔었다. 바로 그 귀한 대파가 셀 수 없이 가득 대지를 채우며 자라고 있는 세상을 만난 것이다. 대파산업특구인 임자도의 대파는 눈과 서리를 맞고도 잘 자라기 때문에 미네랄 성분이 풍부해 영양이 탁월하다. 그래서 요리하기 위해 파를 잘랐을 때 향기가 좋아 주부들이 임자대파를 선호한다. 대파의 상품 평가를 좌우하는 흰색 부분이 길고 굵어 도매시장에서 최고의 품질로 평가받고 있어 지역경제에 크게 기여하는 효자산업이다. 임자도의 대파농사는 벼 수확을 하고 난 뒤 농한기인 11월부터 이듬해 4월까지가 생산기간이다.

감칠맛 듬뿍, 새우젓의 고장 전장포

대파정원을 지나 임자도의 북쪽 끝으로 향했다. 한적한 도찬리 어촌마을을 지나 우리나라에서 새우젓으로 엄지척인 전장포에 도착했다. 기대했던 것보다는 작은 규모의 소박한 포구였다. 포구 끝에서 햇살에 빛이 반짝이는 새우 조형물이 시선을 끈다. 다가가보니 곽재구 시인의 전장포 아리랑 시비가 여행자를 감성에 젖게 한다. '아리랑 전장포 앞바다에 웬 눈물방울 이미 많은지'로 시작되는데 시인은 바다 위의 섬들을 눈물방울에 비유하며 고단한 어부들의 삶을 위로하고 있다.

임자도 인근 해역에서는 젓새우 중에서도 백하가 많이 잡힌다. 해마다 전국 새우젓 어획량의 60%인 1천여 톤의 새우를 건져 낸다. 새우가 살기에 최적인 모래해변 덕분이다. 과거의 전장포는 새우파시(波市, 고기가 한창 많이 잡힐 때 바다 위에서 열리는 생선 시장)가 열렸다. 지금은 모두 옛 이야기가 되어 버렸지만 여전히 전장포 새우젓은 우리나라 새우젓 중에서 으뜸으로 사랑받고 있다. 특히 5월과 6월에 잡히는 살찐 새우젓은 각각 오젓 육젓이라 하여 가장 맛있는 젓으로 유명하다. 전장포 새우젓의 역사는 180여년이 넘는다. 새우에 대한 가치를 일찍 깨달은 섬 주민들은 새우를 잡아 젓갈로 만들었다. 잡은 새우는 물에 씻어내고 같이 잡힌 물고기와 이물질을 손으로 추려 분리하는 새우치기 과정을 반복하여 젓새우만 남긴다. 뒷손질이 끝난 젓새우에 소금을 1/3 비율로 잘 섞는다.

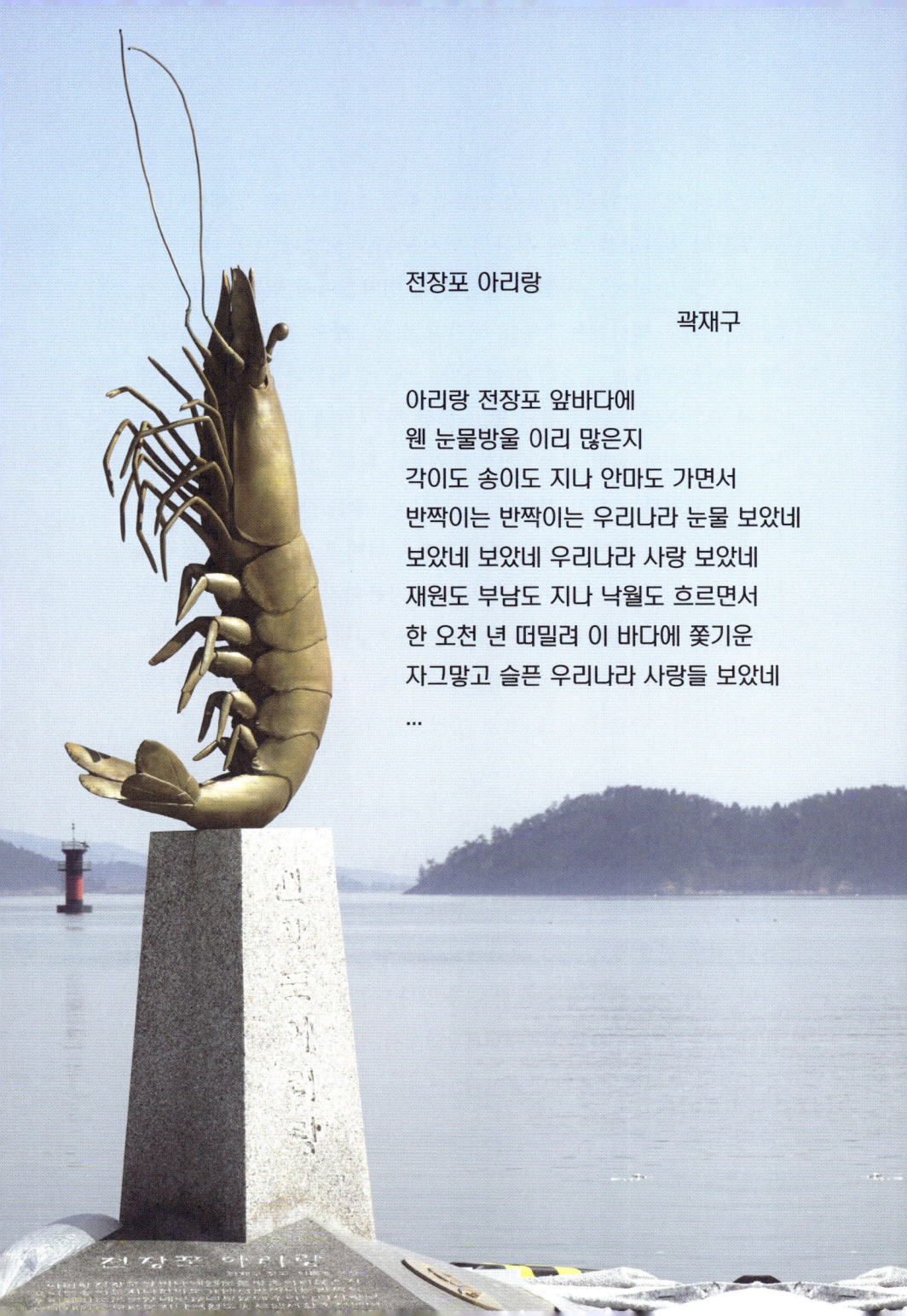

전장포 아리랑

곽재구

아리랑 전장포 앞바다에
웬 눈물방울 이리 많은지
각이도 송이도 지나 안마도 가면서
반짝이는 반짝이는 우리나라 눈물 보았네
보았네 보았네 우리나라 사랑 보았네
재원도 부남도 지나 낙월도 흐르면서
한 오천 년 떠밀려 이 바다에 쫓기운
자그맣고 슬픈 우리나라 사랑들 보았네
...

전장포의 새우젓이 맛이 좋은 이유는 좋은 소금이 있었기 때문이다. 새우젓의 역사만큼 소금 생산의 역사도 오래되었다. 1951년 천일염이 나오기 전에는 자염을 생산했다. 임자도에서 염전을 하는 사람들은 부모 제사에는 2배를 해지만 소금고사를 지낼 때는 3배를 할 정도로 소금을 소중하게 여겼다. 소금에 버무린 새우젓을 항아리에 담고 윗소금을 두껍게 얹고 봉한 후 그늘에 약 1년 정도 숙성시키면 감칠맛 듬뿍 나는 맛난 새우젓이 된다. 전장포에서 가까운 거리에 위치한 솔개산 기슭에는 신선도가 좋은 새우를 숙성시키기 위해 주민들이 길이 100m, 너비 2.4m, 너비 3.5m 규모의 토굴 4개를 조성했다. 그러나 지금은 토굴을 사용하지 않아 텅 빈 동굴로 남아있다. 임자 전장포 새우젓토굴은 새우젓의 고장 신안군 주민들 생활사와 관련된 근대문화유산으로 가치를 인정받아 2009년 12월 16일 신안군 향토유적 제6호로 지정되었다.

블루플래그 국제해변 인증 받은 대광해수욕장

2021년 4월 16일 대광해수욕장이 블루 플래그 국제해변에 선정되었다. 백사장 길이 12km, 너비 300m의 고운 모래가 펼쳐져 있는 동양 최대 규모에 수온이 따뜻하고 깨끗한 수질, 경사가 완만한 수심이 국제인증 평가에서 호평을 받았다. '블루플래그 인증제도'는 덴마크 소재 국제환경교육재단(FEE)에서 친환경적이고 안전한 해수욕장에 부여하는 국제인증이다.

대광해수욕장은 이제 세계적으로 당당하게 인정받는 해변이 되었다. 사실 인증을 받지 않아도 대광해변에 발을 딛는 순간 누구나 세계적이라는 생각을 하게 된다. '한국에도 이런 멋진 해변이 있었구나!' 감탄이 절로 나온다. 예전에 임자도에 가려면 목포에서 뱃길로 4시간 이상이 걸렸기 때문에 대광해수욕장에 대해 아는 사람의 수가 적었다. 다행히도 임자대교가 3월 19일 개통되어 세계적인 대광해수욕장을 마음만 먹으면 쉽게 찾아올 수 있게 되었다. 참고로 해수욕장 개장은 7월 중순부터 8월 말까지이다.

대광해수욕장은 규모만 놀라운 해변이 아니다. 바로 옆 모래밭에 튤립공원이 있어 출렁이는 바다와 600만송의 꽃물결을 함께 감상할 수 있다. 곱고 단단한 모래 덕분에 임자해변에는 말을 타고 해변을 즐기는 사람들을 볼 수 있다. 바다 풍경을 배경으로 한 편의 영화 같은 여행을 하고 싶다면 해변 승마체험을 권한다. 물멍을 하고 싶다면 바닷가에 마련된 파라솔 아래 의자에 앉으면 된다. 하염없이 앉아 있다가 황금빛 석양이 바다를 물들이는 순간은 여행자의 영혼까지 아름답게 만들어 준다. 대광해수욕장이 마음에 쏙 들었다면 신안의 4대 해수욕장인 비금도의 명사십리 해수욕장, 암태도의 추포 해수욕장, 도초도의 시목 해수욕장도 다음 여행지로 추천한다.

대광해수욕장 전라남도 신안군 임자면 대광해수욕장길 172-7 / 061-240-4031
승마체험 전라남도 신안군 임자면 대기리 산 140/ 070-8285-2450

하우리 민어와 타리파시

말 조형물을 지나 대광해변에서 나오는 길에 엄청 큰 물고기 조형물이 있다. 임자도의 자랑인 민어이다.

신안군의 민어 어획량은 총 200여척이 조업하여 연평균 150톤, 50억 원의 위판고(2019년)를 올리고 있다. 임자도에서는 해마다 민어가 가장 많이 잡히는 8월 첫 주에 섬 민어축제를 개최하고 있다. 예로부터 '복더위에 민어찜은 일품, 도미찜은 이품, 보신탕은 삼품'이라는 말이 있을 만큼 민어는 더위에 지친 기력을 회복시켜주고 건강회복에 가장 좋은 보양식으로 꼽힌다. 동의보감에서도 민어는 맛이 좋고 독이 없으며, 부레는 어표라고도 하는데 파상풍을 치료한다고 기록하고 있다. 병약자, 노인, 어린이들의 소화기능을 향상시켜주는 여름철 대표 수산식품이다. 지금은 고급어종에 속해 값이 비싸지만 옛날에는 민어(民魚)라는 이름 그대로 백성들이 즐겨 먹었다.

임자도의 민어 이야기가 궁금하다면 대광해변 서쪽 끝에 위치한 하우리 마을로 가야한다. 민어는 잘 발달된 갯벌에서 산란하는 어종으로 6월말에 임자도 인근에서 잡히기 시작한다.

전장포가 새우잡이 배가 많다면 하우리에는 민어잡이 배가 많다. 하우리 마을에서 바라보면 바다를 사이에 두고 섬타리도와 육타리도가 보인다. 이 일대에 수백 척의 고깃배들이 모여들어 불야성을 이루면서 하우리 해변에서 타리도 섬까지 고깃배로 가득해 징검다리처럼 건너다닐 수 있었다고 한다. 타리의 민어파시가 있던 시기의 옛이야기이다. 파시(波市)란 고기가 한창 많이 잡힐 때 바다 위에서 열리는 생선 시장이다. 서울 도심에 살았던 사람들은 생소한 단어이지만 서해바다 사람들은 아직도 파시를 생생하게 추억하고 있다. 타리파시는 민어가 잡히는 6월부터 10월에 열렸고 그 기간에 백여 개의 상점이 들어서 작은 도시를 만들 정도로 대단했다고 한다. 그러나 안타깝게도 당시는 일제 강점기라 아무리 많이 민어를 잡아도 모두 일본인들의 차지였고 타리 기생의 억울한 죽음 등 마음 아픈 타리파시의 이야기가 전해온다.

신안튤립축제가 태어난 배경

임자도에 봄이 찾아오는 4월이면 10일 간 신안튤립축제가 열린다. 튤립공원 68,000㎡, 송림원 52,000㎡을 합쳐 120,000㎡의 광활한 면적에서 피어난 50여종, 600만송이의 튤립물결은 해마다 10만 명의 사람들에게 행복한 추억을 선물하고 있다. 축제는 2008년부터 시작하여 2019년 제12회까지 열렸다. 2020년부터 코로나19로 인해 중단 중이다. 축제는 잠시 멈추었지만 올해도 튤립은 고운 꽃망울을 터뜨렸다. 궁금증이 많은 사람들은 왜 임자도에 튤립이 이렇게 많은지 고개를 갸웃한다.

우리나라는 네덜란드와 일본에서 한 해 평균 1,000만구가 넘게 튤립구근(뿌리)을 수입하고 있다. 튤립구근 생산이 어렵기 때문에 수입에 의존할 수밖에 없었던 것이다. 임자도는 네덜란드에서 벤치마킹하여 튤립경관농업을 도입해 6년간의 연구 12년간의 노력으로 국내 유일의 튤립구근 생산지가 되었다. 네덜란드와 임자도가 재배지의 토양과 기후가 비슷해 튤립 재배환경에 적합했기 때문에 시도했지만 과정은 쉽지 않았다. 축제 첫해에 구근 60만 뿌리 1억2천만원어치를 판매했다. 신안군 튤립축제는 단순한 꽃 축제를 넘어 산업형 축제라는 특별함이 있다.

조희룡 미술관과 유배마을 만구음관

2021년 3월 19일 조희룡미술관으로 재개관했다. 1층에서는 현대작가 2인의 매화전이 열리고 있고 2층으로 올라가면 조희룡이 임자도에 유배와서 작업한 작품들과 임자도에서 생활하면서 경험한 다양한 기록들을 전시하고 있다.

조희룡은 누구일까? 조희룡(趙熙龍, 1789~1866)은 조선시대 후기 중인신분의 화가로 서울에서 태어났다. 1813년 24살의 나이에 식년문과(式年文科)에 급제하여 벼슬길에 올랐다. 1847년에는 벽오시사를 결성하여 조선 문인화의 시대를 열었다. 58세(1849년)에는 헌종의 명을 받아 금강산의 명승지를 그리기도 했을 만큼 문인화의 대가로 인정받았다.

1851년 8월 조희룡은 예송논쟁에 휘말려 추사 김정희의 심복이라는 이유로 63세의 나이에 임자도로 유배되었다. 그는 유배를 오게 되자 억울함과 암울한 처지에 절망했다. 그가 남긴 기록에는 외딴섬에서의 유배생활이 두려움과 공포의 연속이었다고 한다. 그러나 섬 사람들의 진솔한 삶에 애정을 느끼며 점차 안정을 찾았다.

이전에는 난, 국화, 매화를 주로 그렸으나 낯선 섬 생활을 극복하면서 괴석도와 묵죽도 같은 섬에서 보았던 소재의 작품을 남겼다. 조희룡은 섬 주민들과 친숙한 교류를 했다. 마을 청년 홍재욱과 주준석이 배움을 청하자 그들을 제자로 두었다. 사제의 정을 나눌 수 있는 제자를 두어 기뻐했으며 임자도를 떠난 후에도 인연을 지속하였다.

그는 자신이 기거하는 집을 만 마리의 갈매기가 우는 집이라는 뜻의 만구음관(萬鷗唫館)이라 붙이고 집필과 작품 활동에 집중했다. 당호가 있는 19점 중 8점과 그의 문집 가운데 4권이 이 때 나왔다. 그 중에 유배생활을 상세하게 기록한 임자도의 신기한 이야기 화구임난묵(畵鷗盦讕墨)의 내용은 도깨비 불구경, 승천하는 용의 모습, 바다 위의 신기루, 인어이야기 등 매우 흥미로운 섬 이야기가 있다.

조희룡은 홍매화를 무척이나 사랑하였다. 그래서 그가 남긴 작품에는 매화그림이 가장 많다. 얼마나 매화를 사랑했는지 자신이 그린 매화 병풍을 방 안에 치고 매화를 읊은 시가 새겨져 있는 벼루와 매화서옥장연(梅花書屋藏烟)이라는 먹을 사용했다. 매화시백영(梅花詩百詠)을 지어 읊다가 목이 마르면 매화편차(梅花片茶)를 먹었다. 사는 집을 매화백영루(梅花百詠樓)라 부르고 호를 매수(梅叟)라고 했다.
대표작인 매화서옥도는 매화가 핀 봄날 저녁, 산속 외딴 집의 선비가 불을 밝히고 서안에 앉아 있는 모습을 그린 작품으로 간송미술관 소장 되어 있다. 조선 시대의 매화그림은 조희룡를 따라 올 사람이 없다. 그의 그림은 툭툭 던지는 듯 거침없고 날카로우며 현란한 붓놀림으로 그려진 것들이 숨 쉬듯 살아있다는 평가를 받는다. 조희룡는 임자도 유배기간 동안 절정의 경지에 올랐다. 1853년 3월 6일 해배가 결정되고 3월 18일 임자도를 떠난다. 이후 그는 1866년 78세의 나이로 사망했다. 조희룡이 살았던 이흑암리에는 적거지비(謫居地碑)를 세워 기념하고 있다.

신안군은 임자도를 홍매화의 섬으로 선포하고 홍매화 꽃이 만발하는 섬으로 가꿀 계획이라고 한다. 조희룡의 예술혼이 홍매화와 함께 임자도에서 활짝 피어나길 기대해 본다.

조희룡미술관 전라남도 신안군 임자면 대광해수욕장길 177
만구음관(적거지) 전라남도 신안군 임자면 이흑암길 320-6

어머리 해변과 용난굴

어머리 해변에 가면 해안가 왼쪽 끝으로 용난굴이 있다. 용난굴에 대한 이야기는 임자도로 유배 와 있던 조선시대 문인화가 조희룡이 자세히 기록하고 있다. 그는 임자도에서 용에 관한 이야기를 자주 들었다. 어느 날 용이 승천한다고 마을 사람들이 소리치자 급하게 뛰어 나갔는데 이미 용은 하늘로 사라지고 난 뒤였다. 조희룡은 용이 승천했다는 곳으로 가 보았는데 사람들의 설명으로는 이무기가 바위 속에서 살다가 바위를 깨뜨리고 하늘로 올라갔다고 했다. 그래서 이 굴을 용난굴이라 부르게 되었다고 기록하고 있다. 직접 용을 보지 못한 조희룡은 흥분해 있는 사람들의 증언을 듣고 크게 아쉬워했다. 그리고 그 이야기를 바탕으로 용의 형상을 아름답게 표현한 용매도를 그렸다. 그 작품은 이화여대 박물관에 소장되어 있다. 용난굴은 계절과 날짜에 따라 물때를 확인하고 들어가야 한다. 물때를 잘 맞추면 걸어서 용난굴의 내부까지 동굴탐사를 할 수 있지만 물이 만조일 때는 진입이 어렵다. 어머리 해변은 대광해변 만큼 알려 지지 않아 조용한 분위기를 즐기는 사람들이 찾는다. 어머리 해변에서 나와 왼쪽 길로 가면 은동해변이 나온다. 조희룡이 유배생활 중에 세 가지 보물을 얻었다고 했는데 작도의 가을새우, 흑석촌의 모과, 수문동의 밝은 달이 바로 임자삼절이다. 워낙 깊은 곳에 있는 마을이라 당시에는 이 지역을 숨은동이라고 했고 지금은 한자로 숨을 은(隱)자를 써서 은동(隱洞)이라 부른다. 조희룡은 은동해변에 뜬 달을 보며 '바다 가운데 수문동(은동해변) 같은 명승이 있을지 몰랐다. 내 평생 달구경 중 최고'라고 극찬했다.

> **TIP** **용난굴 이야기**
>
> 옛날 옛날에 중국으로 가는 배가 풍랑을 맞아 침몰하였다. 바다에 빠진 사람들은 주변에 있는 섬을 보고 헤엄을 쳐 임자도 해변에 도착하였다. 그곳에는 용이 되지 못한 이무기가 살고 있었다. 그 이무기는 굴속에 살고 있었는데, 굴 위의 바위에서 사람의 눈물이 떨어지면 하늘로 승천하여 용이 될 수 있었다. 배가 침몰한 사람들은 두고 온 가족이 생각나고 고향에 가고 싶어 슬퍼하였다. 어느 날 밤, 한 사람이 바위 위에 올라가서 가족과 고향을 그리워하며 눈물을 흘렸다. 그 눈물이 이무기가 살고 있는 굴 위의 바위에 떨어지는 순간, 이무기는 하늘로 치솟아 용이 되었다. 그 이후 사람들은 용이 난 굴이라고 하여 용난굴이라 부르게 되었다.

섬 민어축제

예부터 임자도는 민어(民魚)의 산지로 유명하였으며, 과거에는 파시(바다 위에서 열리는 어시장)가 생길 정도로 어획량이 많았다. 전라남도 신안군에서는 신안군의 특산물인 민어를 알리고, 지역 경제 활성화를 기하기 위하여 해마다 민어가 가장 많이 잡히는 8월에 섬 민어축제를 개최하고 있다. 1998년 전라남도 신안군 임자면 광산리 대광해수욕장에서 '제1회 임자대광해변모래축제'가 열렸다. 2007년부터는 대광해수욕장에서 제7회 해변모래체험축제와 함께 '제1회 섬 민어축제'가 개최되었다. 섬 민어축제는 이후 태풍으로 인한 기상 악화, 코로나19 확산 우려 등의 이유로 몇 번의 취소를 되풀이하였다.

섬 민어축제에서는 방문객을 위하여 민어 요리 만들기, 민어 해체 쇼, 민어 댄스 경연 대회, 가수 공연, 민어 건정 주먹밥 요리 시연, 수산물 깜짝 경매 등 다양한 즐길 거리를 진행한다. 축제에서 가장 인기 있는 프로그램은 다양한 민어 요리를 맛 볼 수 있는 시식회이다. 민어는 살과 뼈, 내장을 구분한 후 살은 회로 먹고 부레는 그대로 썰어 소금에 찍어 먹는다. 민어 건정으로 끓인 맑은 탕은 맛이 일품이다. 한방에서 민어는 병약자, 노인, 어린이들의 소화 기능을 향상시켜 준다고 알려져 있다. 축제장 안에는 민어를 비롯하여 신안군에서 생산한 농수산물을 저렴한 구매할 수 있는 판매관이 마련되어 있고 민어가 들려주는 바다이야기 영상 등을 시청할 수 있다.

섬 민어축제는 2021년 3월 임자대교의 개통으로 인하여 교통이 편리하여지면서 해마다 많은 사람들을 불러 모으고 있다.

주소 전라남도 신안군 임자면 대광해수욕장길 179

섬 깡다리축제

신안군 임자도는 1970년대부터 비금도와 함께 파시가 열릴 정도로 유명한 깡다리의 주산지였다. 잊혀 가는 신안 깡다리의 명성을 되찾고자 지역 주민들이 깡다리축제추진위원회를 구성하였다. 이후 2010년 전장포에서 '갯내음 넘실대는 신안의 진미'라는 주제로 '제1회 섬 깡다리축제'를 개최하였다. 깡다리는 '강달어'가 표준어이지만 지역에 따라 깡다리, 황석어, 황새기라고도 부른다. 임자도에서는 '깡다리'라는 명칭이 더 친숙하여 축제 이름도 '섬 깡다리축제'라고 정하였다.

2023년부터 개최 장소를 전장포항에서 임자도 신안튤립공원 주차장 일원으로 변경하였다. 국내 최장인 12㎞ 대광해변과 홍매화의 섬인 임자도 풍경을 배경으로 축제를 진행하는 것이 깡다리 홍보에 도움이 된다고 판단하였기 때문이다. 2021년 3월 임자대교가 개통하면서 축제로 향하는 교통편이 편리해졌다.

섬 깡다리축제는 만선 기원 풍어제를 시작으로, 깡다리 깜짝 경매, 객석 이벤트, 깡다리 시식회, 깡다리 가요제, 깡다리 음식 경연 대회, 축하 공연, 먹거리 부스 운영 등의 프로그램으로 진행된다. 축제장에 마련된 특산품 판매장에서는 신안의 깡다리를 비롯하여 각종 토종 젓갈과 농수산물 등을 저렴하게 구입할 수 있다. 깡다리는 농어목 민어과로 5월부터 6월 사이에 산란을 위하여 임자도 지역에 주로 서식한다. 신안 소금에 절여 1년 정도 숙성한 깡다리는 김장김치에 넣으면 시원하고 깔끔한 맛을 더하여 준다. 현지에서는 주로 감자와 함께 조림이나 튀김으로 먹는다. 섬 깡다리축제를 찾은 방문객들은 신안군 향토기념물 제6호로 지정된 임자 전장포 새우젓토굴과 어머리해변 끝자락의 용난굴 등 임자도의 자연과 함께 깡다리로 만든 다양한 음식을 동시에 즐길 수 있다.

주소 전라남도 신안군 임자면 대기리 산327-2

섬 튤립축제

전라남도 신안군 북부권에 있는 임자도는 국내 화훼 전문가들로부터 튤립 생산 적지로 평가받았다. 전문가들의 평가 결과, 게르마늄을 함유한 사질토에 적당하게 불어오는 해풍과 풍부한 일조량 등 튤립 생육에 적합한 조건을 갖추었으며, 특히 꽃잎의 색이 선명하다는 장점이 있었다. 신안군은 임자도가 튤립 재배에 적합하다는 사실에 주목하여, 2001년부터 임자도에 튤립을 심기 시작하였고, 7년 후인 2008년 제1회 섬 튤립축제를 개최하였다. 섬 튤립축제는 임자도에서 튤립 꽃이 피어나는 시기에 맞추어 매년 4월 중순부터 말까지 열리는 꽃 축제이다. 국내 튤립 축제 가운데 가장 큰 규모인 12만㎡의 면적에서 진행되는데, 이 중 신안튤립공원 6만 8000㎡, 송림원 5만 2000㎡의 면적에서 진행된다.

섬 튤립축제에 방문하면 30여 종의 형형색색 튤립들이 카펫처럼 펼쳐져 있는 장관을 볼 수 있다. 30m 길이의 향터널이 있고, 풍차 전망대를 비롯하여 유리 온실, 수변정원, 그리고 말과 튤립, 천사 등을 콘셉트로 만든 조형물 등 다채로운 공간이 마련되어 있다. 또한, 백매화길, 애기동백 숲길, 카네이션 동백정원, 토피어리동산 등 다양한 볼거리를 제공한다. 튤립을 주제로 한 체험 프로그램과 공예품 판매, 임자도의 소금을 활용한 체험도 마련되어 있다.

섬 튤립축제가 열리는 신안튤립공원은 대광해수욕장과 이웃하고 있어 바다 풍경과 함께 꽃 축제를 즐긴다는 장점이 있다. 대광해수욕장은 길이 12km, 폭 300m에 이르는 국내 최장·최대의 해수욕장으로, 넓은 해변에 고운 모래가 펼쳐져 있다. 대광해수욕장은 덴마크 국제환경교육재단(FEE)이 제시한 137개 항목을 충족하여야 받을 수 있는 '블루플래그 국제 해변 인증'과 '숲배움터 국제 인증'을 모두 획득하였다.

주소 전라남도 신안군 임자면 대기리 산327-2

임자도 해변승마대회

임자도 해변승마대회는 임자도와 육지가 연결되는 임자대교가 개통되면서 대광해수욕장과 함께 해변 승마를 홍보하기 위하여 2021년부터 시작되었다. 임자도에 있는 대광해수욕장은 2007년 전국에서 최초로 국제 해변 승마장으로 개장되었다. 이후 승마 대회를 비롯하여 자연 친화적 농촌형 승마장으로 활용되고 있다.

임자도 대광해수욕장은 2021년 4월 16일 블루 플래그 국제해변에 선정되었다. 백사장 길이 12㎞, 너비 300m의 고운 모래가 펼쳐져 있는 동양 최대 규모에 따뜻한 수온, 깨끗한 수질, 경사가 완만한 수심이 국제 인증 평가에서 호평을 받았다. 대광해수욕장에서 열리는 임자도 해변승마대회는 전문 승마인을 대상으로 지구력 장애물 경주를 진행하며 일반 관광객에게는 승마 체험의 기회를 제공하고 말 품평회 등 말 관련 이벤트가 열린다. 임자도 해변승마대회는 섬 튤립축제 기간에 맞추어 개최한다. 승마 산업, 대광해변과 함께 임자도의 신안튤립공원 등 임자도의 주요 관광지를 알리고 특산물을 판매하기 위함이다. 임자도 해변승마대회는 대한승마협회가 주관하고 문화체육관광부, 신안군, 국민체육진흥공단이 후원하고 있다. 임자도 해변승마대회는 '신안 임자 해변승마대회'라고도 불린다. 대광해수욕장의 곱고 단단한 모래 덕분에 말을 타고 12㎞의 모래 해변에서 즐기는 해변 승마 체험은 특별한 체험이다.

신안군은 대회를 개최하는 동안 승마인과 관광객들의 방문을 통하여 승마 산업과 지역 경제 활성화를 도모하는 것을 목표로 하고 있다. 대광해수욕장에 말 조형물을 설치하였고 섬 지역 학생들의 승마 체험을 지원하는 등 승마의 저변 확대를 위하여 노력하고 있다.

주소 전라남도 신안군 임자면 대광해수욕장길 179

잠시 멈춰 볼래요?
지도

2021년 3월 19일 지도(智島)와 임자도를 잇는 임자대교가 완공되었다. 연육교가 개통되자 임자도로 향하는 사람들이 평일에도 끊이지 않고 있다. 임자도로 가려면 반드시 통과해야 하는 곳이 지도인데 대부분 스치듯 지나가 버리는 아쉬움이 있다. 〈멈추면, 비로소 보이는 것들〉이라는 책 제목처럼 임자도를 오가는 길에 잠시라도 멈춰 지도를 들려보길 권한다. 지도읍은 과거 흑산면에서 고군산면까지 17개 면을 관할하는 지도군이 있었던 곳으로 섬에서는 보기 드문 유학의 역사가 남아있다. 돌아보면 좋을 문화재로 지도향교, 두류단, 읍내리 선정비군, 연계사 등이 있다. 생산되는 농산물은 쌀, 보리, 유채, 참깨 등이 있고 연안의 바다에서는 농어, 민어 등이 많이 잡힌다. 그밖에 김을 양식하고 염전에서 소금을 생산하고 있다.

지도는 어떤 섬인가요?

지도읍은 유인도로 지도, 사옥도, 어의도, 대포작도, 소포작도, 선도, 율도가 있고 60여개의 무인도를 포함하여 목포시(47.06㎢)보다 2배(79.39㎢)에 가까운 광활한 면적을 관할하고 있다. 지도읍이 위치한 지역은 우리나라 무안반도의 최남단 해안지방으로 신석기시대 유물인 패총이 발견되어 오래전부터 사람이 살기 적합한 지역이었음을 알 수 있다. 신안군 지도읍의 모도인 지도는 1975년 2월 무안군 해제면 양월리와 지도읍 자동리를 연결하는 다리가 건설되어 다른 섬들에 비해 일찍부터 차를 타고 왕래가 가능했다. 연육교로 연결되기 전에는 정기 여객선이 목포에서 출발해서 지도와 임자도를 들려 낙월도까지 오고갔다고 한다. 이 바닷길은 고려시대부터 조선시대까지 세곡을 나르던 뱃길이었다. 조선시대에 와서는 지도가 군사적 요충지로 인식되면서 1682년에 지도진이 설치된다.

1896년에는 '섬으로 섬을 다스린다'는 고종의 도서 정책에 따라 지도군이 군청 소재지가 되면서 흑산면에서 고군산면까지 17개 면, 총 109개 섬을 관할하게 된다. 지도군 초대군수 오횡묵은 부임기간 동안 여러 섬들을 관할하며 보고 듣고 느낀 점을 〈지도군총쇄록〉에 자세히 기록해 오늘날 귀중한 자료가 되고 있다. 지도군은 1914년까지 지속되다가 이후 무안군에 편입되고 1969년 신안군이 신설되면서 이에 속하게 된다.

지혜로운 사람들이 모여 사는 섬

지도(智島)라는 지명은 〈신증동국여지승람〉 권35 나주목 유천조에 기록으로 남아있다. 우리나라 대부분의 섬이 모양에 따라 이름이 지어진다. 그런데 지도는 지혜로울 지(智)를 사용하고 있다는 점에서 주민들은 '지혜로운 사람들이 모여 사는 섬'이라는 자부심이 있다. 그래서일까? 섬들 중 유학의 흔적이 가장 많이 남아있는 곳이 지도이다. 지도읍 두류산 정상부에 있는 두류단에 가면 조선말기 유림의 거장 김평묵의 유배생활과 후학양성 정신이 서려있다. 지금도 이항로, 기정진, 김평묵, 최익현, 나유영을 모시는 제사를 음력 9월 15일에 지내고 있다. 두류단과 관련된 여러 가지 기록들을 모아 놓은 저서 〈두류단실기〉은 지도향교에서 소장하고 있다. 두류단은 2000년 1월 31일 신안군의 향토유적 제7호로 지정되었다. 그밖에 유학의 흔적을 살펴볼 수 있는 열락재는 조선시대 유교건축물로 신안군 지도읍 내양리 적동마을 끝자락에 위치하고 있다.

두류단 전라남도 신안군 지도읍 감정리 산 216-9

지도의 위치

지도는 바다를 사이에 두고 동쪽은 무안군 해제면과 마주하며 1975년 2월 무안군 해제면 양월리와 지도읍 자동리 사이에 다리가 건설되어 육지와 연결되었다. 서쪽으로는 임자면, 남쪽은 자은면과 압해읍과 이웃하고 북쪽은 영광군 낙월면을 바라보고 있다.

조선시대 마지막 향교

각 지방에 향교가 본격적으로 세워진 것은 조선시대부터이다. 지방 사회를 유교적 질서에 맞게 재편하고 과거제도의 효율성을 높이기 위해 세워진 향교는 국립교육기관이었기 때문에 지방 수령의 책임 하에 운영되었다. 지도는 지도군이 설치되면서 1군 1향교 원칙에 따라 1897년 향교가 건립되어 섬에서는 보기 드문 유학적 기풍을 지니게 된다.

향교의 위치는 봉정산의 남쪽 기슭에 남동향으로 자리를 잡았다. 완만한 경사지를 2단으로 하여 교육 공간을 앞에 두고, 제사 공간을 뒤에 두는 전학후묘(前學後廟)의 배치이다. 향교의 건물을 살펴보면 대성전, 명륜당, 양사재, 내삼문, 외문 등이 있다. 향교의 기본 구조를 아는 사람이라면 동재와 서재가 없다는 것을 발견하게 되는데 그 이유는 향교가 쇠퇴하는 시기에 건립되었기 때문이다. 안타깝게도 지도향교는 조선시대에 마지막으로 세워진 향교가 되었다. 향교 밖으로 나오면 오른쪽에는 5기의 비석이 있고 향교 외삼문 밖에는 높이 82cm의 하마비가 있다. 1984년 2월 29일 전라남도 문화재자료 제111호로 지정되었다.

지도향교 전라남도 신안군 지도읍 서촌길 54-11

 지도읍 등산로
코스1 (6.43km, 약 3시간) 지도읍사무소-삼거리-꽃봉산-삼거리
  -3개리분기점-바람풍재-진재-봉동
코스2 (5.69km, 약 2시간 반) 지도읍사무소-삼거리-꽃봉산-삼거리
  -3개리분기점-바람풍재-진재-용산동
코스3 (9.28km, 약 5시간) 지도읍사무소-삼거리-꽃봉산-삼거리
  -3개리분기점-바람풍재-진재-깃봉대-상암봉-정암
코스4 (2.34km, 약 1시간) 용산동-진재-봉동

중국의 관우와 일심사

일심사(一心寺)는 한국불교태고종 종단인 전통사찰 제 83호로 지도읍사무소 뒤에 위치하고 있다. 1872년에 제작된 조선후기 지도진 지도를 보면 일심사의 위치에 관왕묘가 그려져 있어 관왕묘가 일심사로 바뀌었음을 알 수 있다. 1896년 지도군 초대군수 오횡묵의 〈지도군총쇄록〉을 살펴보면 당시 지도군수는 관왕묘에 올리는 제사를 주관했다고 기록하고 있다. 중국의 관우를 모시는 관왕묘가 왜 지도에 세워졌을까? 임진왜란 때 조선에 파병 온 명나라 군사들의 사기를 높이기 위해 완도 고금도에 관왕묘를 조성했다는 기록이 남아있다. 지도도 같은 시기에 같은 목적으로 관왕묘가 만들어 진 것으로 추정된다. 정유재란의 시기는 1597~1598년으로 약 400여 년 전부터 관운장을 모시는 사당으로 존재하다가 일심사가 법당 및 요사채가 중창되어 사찰의 모양을 갖추면서 관왕묘도 소멸된 것으로 짐작된다. 현재 일심사는 한국전쟁 중에 전몰한 군인, 경찰을 포함한 호국영령 540여 위패를 모시고 있는 극락전이 있어 국가와 민족을 위해 전사한 호국 영령의 영혼을 위로하는 도량으로 알려져 있다.

일심사 전라남도 신안군 지도읍 읍내길67-13

신안젓갈타운

2013년에 문을 연 신안젓갈타운은 20개의 젓갈 판매점과 저장고, 주차장 등 편의시설을 갖추고 있다. 좋은 젓갈을 사용해야 맛있는 김치를 먹을 수 있다는 것은 상식! 신안 바다에서 잡히는 싱싱한 새우를 신안의 천일염으로 만든 새우젓으로 담근 김치는 발효가 잘되고 깊은 맛이 난다. 신안젓갈타운에서는 신안에서 생산되는 새우젓을 비롯하여 다양한 젓갈을 맛보고 구매할 수 있다.

2020년 12월 23일 신안젓갈타운에 새로운 명소가 등장해 관심을 모았다. 신안군은 홍보전시관 건물을 리모델링해서 여행자들을 위한 공간을 마련했다. 1층은 젓갈을 소재로 한 향토음식 전문식당이고 2층은 전망 좋은 카페로 운영 중이다. 뷰 좋은 공간에서 맛있는 식사와 함께 마음에 쉼표를 찍는 차 한 잔을 권한다.

신안젓갈타운 전라남도 신안군 지도읍 해제지도로 1283-24

지도 전통시장

지도읍 사무소로 가는 길에 오래 된 전통시장이 있다. 장날이 3일과 8일에 열려 '지도삼팔장' 또는 '지도오일장'이라고 부른다. 주민에게 필요한 생활용품과 신안군에서 생산되는 제철 농산물과 싱싱한 수산물을 판매하고 있다.

지도전통시장 전라남도 신안군 지도읍 읍내리 168-469

나룻배와 나루터 이삭줍기 기행

서민생활사 연구원 고광민은 2005년 한국학술진흥재단의 지원을 받아 지도와 그 주변의 나루터를 다니면서 '나룻배와 나루터 이삭줍기 기행'이라는 흥미로운 연구를 했다. 일제강점기 일본 민속학계는 1936년 8월17일부터 19일까지 2박3일 목포에서 배를 빌려 생활하면서 임자도~증도 일대의 섬들을 다녔다. 그 후 1939년에 〈조선다도해여행각서〉를 출판했다. 그 책을 검증하는 프로젝트가 2004년에 진행되었을 때 고광민은 일원으로 참여하였다. 〈조선다도해여행각서〉에서 '나룻배를 마을 소유로 사공이 딸려있으며 먼 거리를 오가는 도선'이라고 설명하고 있음에 주목해 연구를 하게 되었다고 한다.

지도와 그 주변의 나루터를 찾아다니며 1925년 조선총독부에서 제작한 지도(地圖)와 비교하고 있는데 불과 30여 년 전까지 지도, 사옥도, 송도, 어의도 등에 나룻배가 오고 갔음을 소개하고 있다.

출처 〈섬과 바다의 전통지식〉, 해양수산부 해양문화연구총서3, 2020.

★ POINT 그림 속 나룻배

조선시대 최고의 화가 김홍도(金弘道, 1745년~미상)는 회화의 모든 장르에 뛰어났지만 특히 풍속화를 잘 그린 화가였다. 왕의 어진을 그린 화가이지만 촌부의 얼굴도 정감 있게 표현했다. 궁중기록화에서 서민의 삶까지 신분과 장르를 아우르며 그림을 그렸다. 그가 그린 나룻배 풍경화는 지도 주변 섬을 오고갔던 배와 사람들 그리고 바다의 옛 모습을 보는 듯 정겹다.

섬 새우젓축제

전라남도 신안군은 젓새우의 주 생산지로 전국 젓새우 생산량의 65% 이상을 차지하고 있다. 2023년 신안군의 새우젓 생산량은 6890톤, 388억 원을 기록하였다. 섬 새우젓축제는 신안 새우젓의 브랜드화를 통하여 어업 종사자의 소득을 증대시키기 위하여 2010년 10월부터 시작된 수산물 축제이다. 이후 2013년 제4회 섬 새우젓축제부터는 2013년 신안젓갈타운이 완공되어 신안젓갈타운에서 매년 10월에 열리고 있다. 신안군 지도읍 읍내리에 있는 신안젓갈타운은 젓갈판매장 20동과 저장 시설, 젓갈홍보전시관, 카페, 음식점 등으로 구성되어 있다.

'김장의 황금 향신료'라 불리는 새우젓을 주제로 개최된 제8회 섬 새우젓축제의 주요 행사로는 놀이패 공연을 시작으로 김치를 담그는 행사, 새우젓을 저렴한 가격으로 구매할 수 있는 새우젓 깜짝 경매, 새우젓과 어울리는 돼지고기 수육을 맛볼 수 있는 김장김치 보쌈 시식회 등 다양한 프로그램이 진행되었다. 또한 라이브콘서트, 초청 가수의 공연 등이 함께 열렸다. 신안군 청정 해역에서 잡은 새우에 게르마늄이 풍부한 신안 천일염으로 담근 새우젓은 육질이 단단하고 감칠맛이 뛰어나다.

신안군 해역에서 잡은 작은 새우는 대부분 그대로 충청남도 논산시 강경읍, 전북특별자치도 부안군 진서면 곰소리 등지로 판매되었기 때문에 신안 어업인 종사자의 소득에 큰 도움이 되지 못하였다. 그러나 신안젓갈타운이 조성되면서 신안 천일염으로 새우젓을 만들어 가공, 저장, 판매할 수 있는 시설이 완비되었다. 신안군의 새우젓을 알리고 판매하기 위하여 섬 새우젓축제를 김장철을 앞둔 시기에 매년 개최하고 있다. 신안군은 수산물 축제를 통하여 지역의 수산물을 적극 홍보하는 동시에 어업인 소득 증대와 내수 경기 활성화를 이루고 있다.

주소 전라남도 신안군 지도읍 해제지도로 1283-24

섬 병어축제

병어는 4월부터 8월까지 신안군의 지도, 증도, 임자도, 비금도 지역에서 안강망 조업을 통하여 주로 어획하는데, 2023년 신안군 수협북부지점의 병어 위판액은 122억 7000만 원에 달하였다. 국내 병어 생산량의 60%를 차지하고 있는 전라남도 신안군은 축제를 통하여 신안군에서 잡히는 병어의 맛을 알리면서 경제 활성화를 도모하기 위한 목적으로 2007년 처음 섬 병어축제를 시작하였다.

섬 병어축제는 식전 행사로 성악과 트로트 공연 등이 열린다. 이어서 지역민이 준비한 난타 공연, 줌바 댄스, 장기 자랑 등 다양한 프로그램이 이틀간 진행된다. 또한, 병어 회무침 만들기와 시식회, 수산물 깜짝 경매 등 방문객을 위한 행사도 마련되어 있다. 행사 참가자는 위판장 옆에 있는 복합회타운에서 병어 외에 갑오징어, 꽃게, 광어 등의 제철 회를 맛볼 수 있다. 축제 기간에는 농수산물을 시중 가격보다 저렴하게 판매한다. 또한, 증도에서 같은 시기에 열리는 섬 밴댕이축제도 함께 즐길 수 있다.

주소 전라남도 신안군 지도읍 해제지도로 1283-24

수선화와 함께 춤을
선도

꽃을 싫어하는 사람이 있을까. 무심코 걷는 길에 알록달록 피어있는 꽃은 사람들의 발길을 붙잡고 마음을 살랑살랑 흔든다. 해마다 봄소식은 전국 어디에 벚꽃이 피었다라는 뉴스로부터 시작된다. 기다림이라는 DNA는 찾아 볼 수 없고 꽃말을 아쉬움으로 바꿔야 맞을 것 같은 벚꽃은 피는가 싶으면 바로 져버린다. '얼마나 바쁘면 올 봄도 여유가 없어 벚꽃을 제대로 보지 못했을까' 아쉬움이 가득하다면 봄소식을 알리는 꽃으로 벚꽃만 있는 것이 아님을, 수선화가 있다는 것을 얼른 생각해내길 바란다. 신안군 선도에 가면 봄을 잘 품고 4월 말까지 당신을 기다리고 있는 백만 송이의 수선화가 여행자를 반겨준다.

수선화의 꽃말은 자기 사랑, 자존심, 고결, 신비이고 가을심기 구근으로 이른 봄에 개화된다. 꽃집 어느 구석 화분 안에서 눈을 반짝이는 한 송이 수선화를 본 기억이 있는 사람이라면 "선도에 왜 수선화가 그리도 많나요?" "섬 전체가 수선화라고요? 과장이 심하시네요. 믿을 수 없어요."라고 말한다. 직접 눈으로 보지 못했으니 당연한 반응이다.

한 모금의 긍정만 있으면 돼요

섬 모양이 매미와 같다고 해서 매미 선(蟬) 자를 쓰는 선도는 세상에 잘 알려지지 않은 조용한 섬이다. 그러나 봄이 되면 한적하기만 했던 섬이 수선화를 보기 위해 찾아오는 사람들로 활기를 찾는다.

기묘하고 아름다운 시작은 어디서나 만날 수 있는 평범한 할머니의 마음에서 시작되었다. 1986년 서울에서 선도로 남편과 함께 이사와 살기 시작한 현복순 할머니는 섬 생활이 매우 외로웠다. 그러나 할머니는 바뀐 환경 탓만 하지 않고 어린 시절부터 꽃을 좋아했던 마음을 살려 내 꽃과 나무 심기로 외로움을 달래며 중심을 잡았다.

어느 날 진도에 있는 친구 집에 갔다가 예쁜 수선화를 선물로 받아 심게 된다. 마을 사람들이 밭에다 수선화를 심고 또 심는 할머니를 보면서 처음에는 농작물 대신 꽃을 심는다고 수군거렸다. 시간이 지나면서 할머니의 사랑을 듬뿍 받고 핀 수선화가 꽃물결을 이루면서 사람들의 눈길을 끌었고 마을 사람들의 마음에도 수선화 사랑이 번지게 되었다. 이후 수선화를 섬 곳곳에 심게 되면서 수선화가 가득한 섬이 되었고 섬 주민들은 신안군과 협의해서 봄 수선화 축제를 열게 되었다. 160가구에 260여명이 살고 있는 선도에 축제 기간에만 만 명 이상이 찾아오는 기적이 일어났다.

현복순 할머니는 첫 수선화를 심으면서 오늘의 모습을 상상 했을까? 할머니는 수선화가 예쁘다고 찾아오는 사람들을 항상 반갑게 맞아주었다고 한다. 할머니의 꽃사랑, 한모금의 긍정이 오늘의 선도를 가고 싶은 섬으로 만든 것이다. 할머니 뿐 아니라 선도 주민들은 유독 꽃사랑이 넘친다. 그래서 선도에는 수선화만 있는 것이 아니다. 봄에는 제일 먼저 유채꽃이 피어나고 그 뒤를 이어 수선화가 만개한다. 여름에는 연꽃이 가을에는 국화가 가득피어 꽃섬이 된다. 꽃을 이토록 좋아하는 주민들의 심성으로 보면 섬 이름을 착할 선(善) 자로 바꿔야 맞지 않을까? 실제로 선도를 다니다보면 효행비와 선행비를 쉽게 만난다. 매계마을 효행비, 선도리 유지비, 선도리 효열각 등 품행이 단정하고 후손에게 모범이 되는 분들이 많았음을 발견할 수 있다.

ZOOM IN **선도의 위치**

선도는 서쪽으로는 병풍도, 증도, 북쪽으로는 지도, 동북쪽으로는 무안군 탄도가 있다. 선도는 주변 섬들이 마치 호위하듯 둘러싸고 있어 바람을 막아주기 때문에 상대적으로 평온하고 농사짓기에 좋은 자연 환경을 가지고 있다.

시인의 마음을 달래준 수선화

19세기 영국낭만주의 문학의 최고봉인 윌리엄 워즈워스(William Wordsworth, 1770~1850)는 일생을 자연과 함께했고 자연 속에서 영감을 얻어 많은 시를 지었다. 마음에 평온을 제공하는 위로자의 역할을 하는 자연의 무한한 힘을 노래한 시인이다. 워즈워스의 〈수선화〉역시 산책하다 호숫가에 활짝 핀 수선화를 보고 지은 시이다. 시를 소리 내어 천천히 읽어 보면 마음의 눈을 반짝이게 한 수선화는 '보는 즐거움'을 뛰어 넘어 시인의 마음을 달래주는 정신적 위안자로 변모되었음을 알 수 있다. 시인은 "이따금 긴 의자에 누워 사색에 잠겨있을 때 수선화들을 떠올리면, 고독의 축복인 내 마음의 눈에 반짝이노라. 그럴 때면 내 마음은 기쁨에 넘쳐 수선화와 함께 춤을 추노라."라고 했다. 수선화는 계절이 지나면 지고 만다.

그렇지만 어느 봄날 선도에서 보았던 수선화 물결은 시인 워즈워스처럼 누군가에게 마음에 남아 오랫동안 축복의 통로가 된다.

가고 싶은 섬 선도

선도는 전라남도 〈가고 싶은 섬〉 대상지로 2020년도에 선정되었다. 덕분에 섬에 관한 스토리를 들을 수 있는 섬 코디네이터가 있고 마을에서 운영하는 마을식당과 선도 게스트하우스가 있다. 선도 카페에서는 꽃차, 꽃술, 꽃으로 만든 요리도 있고 꽃으로 만든 향수도 있다. 섬의 특성상 식당, 판매점에는 상시 인력을 배치하거나 음식을 준비하기 어렵다. 여행 준비를 할 때 확인 후 출발하는 것이 좋다.

★ POINT 영화 속 수선화

영화 〈빅 피쉬 Big Fish〉는 기발한 상상력의 동화 같은 영화를 만드는 팀 버튼 감독의 작품이다. 〈이상한 나라의 앨리스〉 〈유령신부〉 〈찰리와 초콜릿 공장〉이 팀 버튼 감독의 작품. 주인공의 아버지 에드워드는 서커스 공연을 보러 온 한 여자를 보고 첫눈에 반한다. 그녀가 가장 좋아하는 꽃이 황수선화라는 이야기를 듣고 황수선화 꽃밭을 만들어 고백한다. 결국 그녀(산드라)는 에드워드를 선택한다. 수많은 수선화가 펼쳐진 곳에서 사랑 고백하는 장면은 실제로 만 송이의 수선화를 심어 만든 장면이라고 한다.

선도 등산로

선도에 왔다면 트레킹하기 좋은 선도 등산로를 빠뜨리지 말자. 완만한 경사에 그리 높지 않은 산이라 누구나 행복한 섬 걷기가 된다. 해발 143m 대덕산에 오르면 노란색 지붕들을 볼 수 있는데 수선화섬 특화사업 덕분에 선도에서만 볼 수 있는 풍경을 가지게 되었다. 등산로 역시 수선화섬으로 특화하면서 정비되어 걷기 좋은 길이 되어 산, 마을, 해변을 잇는 매우 다채로운 여행이 가능해 졌다. 그밖에 선착장 맞은편 마을에는 수선화를 테마로 한 예쁜 그림들이 그려져 있다. 천천히 걸으며 섬마을을 배경으로 특별한 추억 사진을 남겨보자.

 코스별 등산로
코스 1 (3.5km, 약 2시간) 선도치안센터 산행기점-대덕산-옥녀봉-범덕산-북촌마을
코스 2 (6.5km, 약 3시간) 선도치안센터 산행기점-대덕산-옥녀봉-범덕산-북촌마을-대촌마을-선도쉼터&카페-선도항-산행기점

 선도 가는 길

▶ 압해도 가룡항 이용(철부선 차량탑승 가능)
가룡 → 선도 : 07:50, 10:30, 14:00, 16:00
선도 → 가룡 : 08:45, 11:04, 14:55, 16:34
※문의: 가룡항 매표소 061-262-4211

▶ 무안군 신월항 이용(선치호 차량탑승 불가)
신월 → 선도 : 07:55, 10:55, 13:55, 16:55
선도 → 신월 : 07:40, 10:40, 13:40, 16:40

TIP 1. 선도에는 곳곳에 공용화장실이 많아 화장실 걱정은 크게 안해도 된다.
2. 선도는 작은 섬이라 생각하고 오는데 걸어서 다니기에는 면적이 큰 섬이라 자전거를 빌려 타고 여행하면 좋다.

섬 수선화축제

선도는 서쪽으로 병풍도, 증도, 북쪽으로 지도, 동북쪽으로 무안군 탄도와 바다 건너 인접하고 있어서 주변 섬들이 바람을 막아 주기 때문에 상대적으로 평온하고 농사짓기에 좋은 자연 환경을 가지고 있다.

섬 수선화축제에서는 재배 단지 8.9㏊ 면적에 17품종, 208만 구의 수선화가 노랑 물결로 장관을 이룬다. 관람로는 총 2.4㎞에 이르며, 가장 안쪽에 '수선화의 집'이 있다. '수선화의 집'은 현복순 할머니의 집으로 아기자기한 정원과 함께 이야기가 담긴 벽화로 꾸며져 있다.

주소 전라남도 신안군 지도읍 선도리

수선화
윌리엄 워즈워스

골짜기와 언덕 위를 높이 떠도는 구름처럼
외로이 헤매다가
문득 나는 보았네, 수없이 많은
황금빛 수선화가
호숫가 나무 아래서
미풍에 한들한들 춤추는 것을.

은하수 별들처럼 반짝반짝 빛나며
물가 따라 끝없이
줄지어 뻗쳐 있는 수선화를 보았네,
수많은 수선화들이
머리를 살랑대며 흥겹게 춤추는 것을

수선화 옆의 물결도 춤을 추었지만
그 반짝이는 물결은
수선화의 기쁨을 따를 수 없었네,
이토록 흥겨운 친구와 어울렸으니
어찌 시인이 즐겁지 않을 수 있겠는가!
나는 유심히 바라보고 또 보았노라
그러나 이러한 장관이
어떤 값진 것을 가져다주었는지
나는 미처 알지 못했노라.

이따금, 긴 의자에 누워
멍하니 아니면 사색에 잠겨있을 때
수선화들은
고독의 축복인 내 마음의 눈에 반짝이노라
그럴 때면 내 마음은 기쁨에 넘쳐
수선화와 함께 춤을 추노라

200여 척의 어선들이
닻을 내리는
송도

송도어판장에 봄이 찾아오면 광어와 농어, 돔, 갑오징어, 꽃게 등이 거래되기 시작한다. 본격적으로 병어가 나오면서 위판장과 수산시장은 사고파는 사람들로 흥겨움에 들썩거린다. 이 시기에 병어축제가 열린다. 민어가 여름의 시작을 알리고 뒤를 이어 농어가 등장한다. 찬바람이 불어오면 위판장에 김장용 새우가 넘쳐난다. 겨울에는 잠시 문을 닫고 다시 봄이 찾아 올 때까지 휴식에 들어간다.

송도위판장에서 위판이 시작되면 전국의 상인들이 자그마한 섬 송도로 몰려온다. 전국에서 유통되는 병어의 60%, 새우젓의 70%가 공급되는 곳이 바로 송도어판장이기 때문이다.

송도항은 바다와 가까워 어선들의 접근이 좋아 많을 때는 200여 척의 배가 닻을 내린다. 섬이지만 연도교가 있어 육지로 오고가는 차량운송이 편리하다. 그래서 당일 잡은 생선을 빠르게 전국으로 배송해 당일 받을 수 있기 때문에 최상의 신선도를 자랑한다.

송도수산시장(송도 수산물유통센터) 1층에서는 송도위판장에서 위판되자마자 바로 건너 온 싱싱한 생선들을 판매하는 상점들이 모여 있다. 2층에서는 1층에서 구매한 수산물을 조리해주는 음식점들이 있다. 송도수산시장은 전국 최고의 신선도와 착한 가격을 인정받아 미식가들에게 맛의 순례지로 소문난 명소이다. 참고로 매월 넷째 주 화요일은 정기휴일이다.

송도수산물유통센터직판장 전라남도 신안군 지도읍 송도2길 38

병치라고 불러야 맛이 더 좋아

늦봄부터 여름까지 남도의 밥상 위에서 열렬한 환영을 받는 생선이 있다. 병치라 불러야 그 맛이 제대로 난다고 하는 병어. 부르는 이름에 따라 맛이 다르다고? 이해가 될랑 말랑 하는 병어의 생김새를 살펴보면 몸통의 크기에 비해 입이 작고 지느러미가 앙증맞아 귀엽다. 몸은 마름모꼴로 납작하며 깔끔한 은색 옷을 입었다. 병어가 특별히 사랑받는 이유는 생김새보다 잔가시가 없고 비린내가 나지 않는 담백한 맛 때문이다. 병어는 주로 회로 먹지만 구이, 조림, 찜, 찌개 등 조리방법도 다양하다.

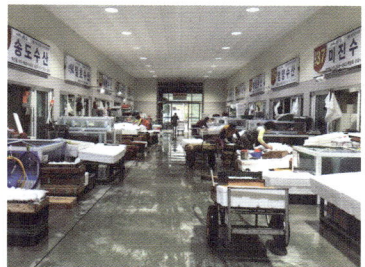

ZOOM IN 송도항

임자도, 비금도, 우이도, 낙월도, 안마도 등에서 당일 잡은 생선을 실은 어선들이 신안군 지도읍 송도에 위치한 송도항으로 모여든다. 항구에는 신안군 수협 어판장과 송도수산시장이 있다. 특히 병어, 민어가 잡히는 계절에는 작은 항구가 어선들과 생선을 사려고 몰려든 사람들로 북새통을 이룬다. 신안 염전에서 생산된 소금과 새우젓도 유명하다. 항구 옆으로 보이는 사옥대교를 따라 증도대교를 넘어가면 슬로시티 섬으로 유명한 증도까지 차량으로 쉽게 갈 수 있다. 송도항에서는 병풍도로 향하는 배가 운항 중이다.

지도 인근에서 잡는 병어는 전국 최고의 맛을 자랑한다. 그 이유는 신안의 젓새우와 갯벌 덕분이다. 병어는 주로 젓새우를 먹는데 젓새우 산지가 바로 지도 인근 바다라 먹이가 풍부하다. 병어는 우리나라 서해 바다로 몰려와 수심 10~20m의 모래바닥에서 산란을 하는데 신안의 갯벌이 게르마늄이 풍부하기 때문이다.

지도 사람들은 언제부터인지는 모르나 병어를 병치라 부른다. 그래서 '병치'는 곧 '지도 인근에서 잡은 병어'를 의미한다. '병치라 불러야 맛이 더 좋다'는 이유가 바로 여기에 있다.

병어

〈신증동곡여지승람*〉에 병어는 전라도 지방의 토산물이라는 기록이 남아있다. 수백 년 전부터 우리나라에서 어획된 어종이며 진상(進上)되어 임금님의 수라상에 올랐다. 바다 수온 10~30도 의 따뜻한 물에서 사는 병어는 1년 주기로 계절을 따라 이동한다. 5~6월이 되면 산란을 위해 우리나라 서해 연안으로 몰려오는데 이 때 어획한 선어 상태의 싱싱한 병어는 신안군 지도읍 송도위판장에서 만날 수 있다. 전라도 지역에서는 사계절 내내 병어를 구할 수 있는데 저장기술이 좋아져 제철에 잡은 병어를 진공 포장이나 냉동 상태로 판매하기 때문이다.

*신증동국여지승람(新增東國輿地勝覽): 조선시대 중기의 인문지리서(人文地理書). 목판본 55권 25책으로 1530년에 완성되었다. 역대 지리지 중 가장 종합적인 내용을 담았다. 정치사, 제도사, 향토사 연구 자료로 높이 평가되고 있다.

⭐ POINT 전해오는 옛이야기

송도당 설화

송도에서는 매년 정월 열나흘 날 자정에 마을 안녕과 풍어를 기원하는 당제를 거행했다. 송도 당제는 산 정상부에 위치한 할아버지 당과 산기슭에 위치한 할머니 당에서 이루어 졌는데 모두 유실되고 송도당제는 명맥이 끊겼다.

송도에는 당제 관련하여 송도당 설화가 전해오고 있다. 송도당에는 남장군신이 살고 사옥도 장구섬에는 여장군신이 살았다. 송도에서 당제가 거행되면 장구섬의 여장군신이 송도로 와서 제에 참여하게 되어 있었다. 그런데 여장군신이 송도 당제에 참석하지 못하는 일이 생겼다. 그러자 이상하게도 쇠로된 말이 어디론가 사라져 버렸다. 이후 칠산바다로 고기 잡으러 가는 배가 송도를 지날 때마다 사고를 당하는 일이 생겼다.

지금도 송도 안산에는 굴이 남아 있는데 여장군신이 장구섬에서 송도로 오는 통로였다는 옛이야기가 전해 내려온다.

지도와 증도 사이에서
어깨를 나란히 하고 있는
사옥도

사옥도(沙玉島)는 신안군 지도읍에 속한 섬으로 무안군의 해제와 신안군의 지도, 송도, 사옥도, 증도 순서로 연도교가 건설되면서 접근성이 좋아졌다. 사옥도라는 지명은 모래가 많고 옥(玉)이 나와 붙여진 이름이다. 예전의 사옥도는 주위에 하탑섬, 원달섬, 안섬, 탑섬, 고동섬 등 올망졸망한 여러 개의 섬이 있었는데 섬과 섬 사이에 방조제를 쌓아 간척해 나가면서 오늘날의 섬 모습이 되었다.

합쳐진 섬들은 하탑, 원달 등 일부가 지명으로 남아 옛 흔적을 짐작하게 한다. 바다를 막는 간척사업은 사옥도에 드넓은 논과 염전을 주었다. 섬이라고 하면 일반적으로 어업 종사자가 많은 어촌마을을 생각하는데 사옥도는 낮은 구릉지와 평지에 펼쳐진 논과 밭에서 농사를 짓는 사람들이 많아 마을풍경이 농촌에 가깝다.

신안에서 섬을 다니다 보면 염전을 쉽게 만난다. 사옥도는 일찍부터 전통적인 방법으로 자염(煮鹽, 바닷물을 끓여서 소금을 만드는 우리나라 전통 방식)을 생산했었다. 이후 천일염으로 생산방식을 바꾸면서 소금 생산량이 많아졌다. 오랜 염전 역사가 말해주듯 이 지역의 소금은 품질이 좋기로 유명하다. 사옥도를 하늘에서 내려다보면 또 하나의 천연자원을 발견하게 되는데 그것은 섬 전체를 빙 둘러싸면서 발달한 대규모의 청정갯벌이다. 광활한 갯벌은 크게 당촌리 갯벌과 탄동리 갯벌로 나눈다. 이 지역 갯벌의 생물다양성을 보전하기 위해 유네스코 생물권보전지역으로 지정하여 보호하고 있다.

당촌리 후촌마을 할아버지와 할머니 장승

사옥도 후촌마을에 가면 돌로 만든 할아버지와 할머니 장승을 만날 수 있다. 마을에서 왼쪽으로 난 길을 따라 쭉 걸어가면 길 끝에서 집 담을 등지고 서 있는 할머니 장승을 먼저 만난다. 할머니 장승은 높이 178cm, 둘레 122cm에 긴 장방형이다. 할머니가 바라보는 시선을 따라 가면 논 한가운데 할아버지 장승이 서 있다.

사옥도 위치

사옥도는 지도(智島)에서 남쪽으로 3km 떨어져 있다. 2004년에 사옥도와 송도를 이어주는 사옥대교가 완공되었고 2010년에는 사옥도와 증도를 연결하는 증도대교가 개통되었다. 현재 '무안군 해제면-지도-송도-사옥도-증도'로 연륙되어 교통이 편리해졌다. 사옥도는 지도읍의 모도인 지도(智島)와 슬로시티 섬으로 유명한 증도사이에서 좌우로 어깨를 나란히 하고 있는 섬이다.

할아버지 장승은 높이 200cm, 둘레 127cm의 긴 장방형으로 할머니와 같은 자연석 화강암으로 만들었다. 신기하게도 두 석장승의 표정은 볼 때 마다 달랐다. 웃는 듯 보이지만 다시 보면 근엄하고 또 다시 보면 인자한 얼굴이었다. 당촌리 후촌마을에서는 매년 음력 정월 초하루에 마을 뒤에 있는 유봉산에서 당제를 지냈다. 상당인 후촌당과 산 중턱에 있는 중당 그리고 마을 장승거리에 서 있는 장승이 하당의 기능을 맡았다. 현재 상당과 중당 내부에는 아무 시설도 없으며 당제도 중단되었다. 언제부터 마을에 장승을 세웠는지 자료가 남아 있지 않아 정확한 시기는 알 수 없지만 지금의 돌로 만든 장승이 있기 전에는 목장승이 있었다고 한다. 목장승은 시간이 지나자 나무가 썩었지만 새 장승을 세우지 않았다. 그러자 마을에 사망, 가뭄, 흉년 등의 나쁜 일이 연이어 발생하게 된다.

마을 사람들은 장승이 없기 때문이라고 생각하여 현재의 석장승을 1917년에 세우게 되었다. 그 뒤로 마을은 평안을 되찾고 풍년을 누렸다고 한다.

대부분의 섬이 해마다 당제를 지내면서 평안과 풍어를 기원했지만 이제 그 전통은 찾아보기 어렵다. 당제가 사라진 까닭일까? 후촌마을에서 만난 할머니 장승 옆에는 가로등 기둥이 바짝 붙어 있어 서 있는 모습이 몹시 불편해 보였다. 할아버지 장승도 사방이 뚫린 논 가운데에서 비바람에 시달려 여윈 모습이다. 이제 당제도 지내지 않고 석장승이 마을의 평안을 지켜주는 수호신이라는 생각은 하지 않더라도 사옥도의 옛 이야기를 전해줄 할아버지와 할머니 장승을 소중하게 보살펴 주었으면 좋겠다.

ZOOM IN 섬드리 백년초

백년초는 신비의 식물로 알려져 있다. 백가지 병을 고치고 먹으면 백년을 산다고 하여 백년초라고 전해온다. 특별히 신안군 사옥도에서 자라는 '섬드리 토종 백년초'는 노지에서 해풍을 맞으며 영하의 추위에도 살아남는 강한 생명력을 지녔다. 추위에 강한 점은 제주도 백년초와 다른 점이다. 백년초의 뿌리, 열매, 줄기는 식품, 화장품, 주류의 원료가 되고 있다.

아는 만큼 보여요

POINT V 신안에도 공룡이 살았어요

사옥도 공룡발자국

사옥도 북동쪽 해안으로 가면 새와 공룡발자국 등 고생물 화석을 볼 수 있다. 화석이 발견 된 곳은 사암과 이암층으로 중앙대 백악기* 퇴적층이다. 사옥도에서 발견된 고생물 화석은 새발자국화석, 공룡발자국화석, 무척추동물화석, 식물화석 등이다. 비교적 형태가 잘 보존된 공룡발자국으로 다양한 형태를 보이고 있어 백악기 동안 왕성했던 생태계를 상상해 볼 수 있다.

> **TIP** *백악기란? 중생대를 3개의 시기로 나누었을 때 마지막 지질시대이다. 지금으로부터 약 1억 4,000만 년 전~6,500만 년 전의 기간으로 공룡이 멸종하기 전 마지막으로 번성한 시대이다. 당시 바다에는 석회질 분비물을 내는 해양 생물이 많이 살았고 이들이 죽어 묻히면서 백악이 되었다.

참고: 초등 4학년 1학기 교과서, 지층과 화석

POINT ✓ 화석이란?

화석은 '지구역사의 산증인'과도 같은 너무나도 소중한 보물이다. 지구가 생성되고 생명체가 탄생된 이후, 여러 지질시대를 거치는 동안의 모습을 고이 간직하고 있기 때문이다. '돌처럼 굳어진 것'이라고 해서 화석(化石)이라고 불리며, 어원은 라틴어 'Fossils'에서 유래됐다. 이러한 화석을 통해 생물체의 구조나 생활환경을 알아볼 수 있다. 공룡의 뼈나 조개의 껍데기처럼 생물의 일부 또는 전체가 남아있는 경우는 체화석, 발자국이나 배설물처럼 살면서 남긴 생활의 흔적으로 나타난 경우는 흔적화석이라고 한다. 또한 시기에 따라 나타나는 생물군이 다르다는 점을 이용해 지구의 시대를 크게 선캄브리아대, 고생대, 중생대, 신생대로 각각 나누고 있다.

POINT ✓ 압해도 수각류 공룡알둥지 화석

신안 압해도 수각류 공룡알둥지 화석은 국가지정문화재로 관리되고 있는 '천연기념물 제535호 자연문화유산'이다. 이 화석은 지름 2.3m, 높이 0.6m, 무게 3톤에 달하는 세계 최대 규모를 자랑하고 있다. 단일한 수평층에 공룡알 19개가 놓여 있고, 각 알 개체는 타원형으로 크기는 385~430mm이다. 압해도 수각류 공룡알 화석은 마크로엘롱카투리스라는 학명으로 한반도에도 대형 오비랩터가 존재했을 가능성을 높여준다. 이 화석은 2009년 압해대교 공사현장에서 발견되었으며, 목포자연사박물관으로 옮겨 복원작업을 거쳐 상설 전시되고 있다. 당시 이 지역은 중국과 육지로 직접 연결돼 다양한 생물이 서식하던 호수 환경이었는데, 퇴적층에 공룡의 흔적화석이 잔존해 오늘에 이른 것으로 분석된다.

출처: 세계 화석&광물 박물관

Part 2에서는 신안의 중부권을 소개한다.
중부권은 천사대교가 개통되면서 압해도, 암태도, 자은도, 팔금도, 안좌도 지역이 자동차로 접근할 수 있는 섬이 되었다. 압해읍에는 1004섬 분재정원, 저녁노을미술관이 있고 천사대교를 건너 자은도로 가면 백길해수욕장, 무한의 다리, 분계해변 여인송이 있다. 암태도에서 기동삼거리 벽화, 에로스서각박물관, 암태도소작인 항쟁기념탑을 지나면 채일봉 전망대가 있는 팔금도이다. 안좌도는 신안 김환기 고택이 있고 신안 김환기 고택에서 반월도·박지도로 향하면 최근 관광객의 사랑을 받고 있는 퍼플섬이 있다.

PART 02

해양도시의 중심 **압해도**
넉넉함으로 품어주는 **자은도**
김환기의 고향 **안좌도**
퍼플섬이라 부르는 **반월도·박지도**
시인의 섬 **팔금도**
마음까지 이어주는 천사대교 **암태도**

해양도시의 중심
압해도

 압해읍의 본섬인 압해도(押海島)는 신안군에서 면적이 가장 넓은 섬이며 인구도 가장 많다. 목포시와 압해도를 잇는 신안의 관문 압해대교가 2008년 개통 되면서 신안군의 신안군 새 청사가 2011년 압해도에 자리를 잡았다. 군청 소재지가 된 압해도는 2012년 1월 1일 읍으로 승격하였고 다른 7개의 유인도서와 70개의 무인도를 포함하여 총 78개의 섬으로 압해읍을 형성하고 있다. 압해도와 무안군을 잇는 김대중대교, 신안 중부지역의 섬으로 가는 천사대교, 목포시와 이어진 압해대교가 있어 압해도는 신안군 행정과 교통의 중심이다. 지명 유래는 섬의 지세가 삼면으로 퍼져 바다를 누르고 있는 모양이라 압해도라 부르게 되었다고 한다.

또 다른 유래로는 바다를 제압한다는 의미가 있다. 한자 押자는 手(손 수) 자와 甲(갑옷 갑) 자가 결합한 모습이다. 甲자는 고대 갑옷을 그린 것이다. 손으로 갑옷을 조이는 모양의 상형  문자로 '누르다', '압박하다', '다스리다' 라는 뜻을 가진 글자이다. 오래전에 만들어진 섬의 이름은 마치 미래를 예언하고 있었던 것 같다. 신안 1004개의 섬을 거대한 해양도시로 이끌어 갈 신안군청이 압해도에 자리 잡았고 그 꿈의 중심에 압해도가 있기 때문이다.

압해도 수달장군 능창

후삼국시대는 901~936년 동안 후백제·후고구려·신라 삼국이 대립하던 시기였다. 신라 말기의 사회 혼란을 틈타 지방에서 독자적인 세력을 형성하여 나라를 만든 견훤과 궁예가 있었다. 결국 궁예의 부하였던 왕건 고려를 세우게 되니 역사는 왕건 중심으로 그 시대를 기록

 압해도 위치

압해도는 목포시와 직선거리 1,500m 정도로 신안군의 유인도 중 목포와 가장 가까운 곳에 위치하고 있다. 목포시와 연결되는 압해대교, 무안군과 잇는 김대중대교, 암태도로 향하는 천사대교가 있어 신안군 교통의 중심지 역할을 하고 있다.

하고 있다. 왕건은 궁예의 부하로 전쟁에서 큰 공을 세워 궁예의 신임을 두텁게 받았다. 궁예가 포악해지면서 부하들이 궁예를 죽이고 왕건을 군주로 삼아 새 나라 고려를 918년 건국했다. 능창(能昌, ?~910)은 후삼국시대 후백제 압해현(壓海縣)의 장수였다. 고려사 권1 태조편에 능창에 대한 기록이 남아있다. 910년 궁예가 당시에 부하로 있던 왕건을 보내어 나주지역을 진압하려 하였다. 이 때 해도(海島) 출신 능창은 압해현의 적수로서 수전(水戰)을 잘해 수달이라고도 불리었는데 갈초도(葛草島)의 무리들과 결탁하여 왕건을 해치려 하였다. 왕건이 반남현 포구에 이르렀을 때 "능창이 이미 내가 올 것을 알고 반드시 도적과 함께 변란을 꾀할 것이니 적도가 비록 소수라고 하더라도 만약에 힘을 아우르고 세력을 합하여 앞을 막고 뒤를 끊으면 승부를 알 수 없는 노릇이니 헤엄을 잘 치는 자 십여 명으로 하여금 갑옷을 입고 창을 가지고 작은 배로 밤중에 갈초도의 나룻가에 나아가 왕래하며 일을 꾸미는 자를 사로잡아서 그 꾀하는 일을 막아야 될 것이다"라고 여러 장수에게 말했다. 과연 조그마한 배 한 채를 잡아보니 바로 능창이었다. 궁예에게 보내었더니 궁예가 크게 기뻐하여 능창을 욕보이며 말하기를 "해적(海賊)들은 모두가 너를 추대하여 괴수라고 하였으나 이제 포로가 되었다. 어찌 나의 신묘한 계책이 아니겠느냐"하며 능창의 존재가 훗날 크게 화가 될 것을 염려하여 여러 사람 앞에서 목을 베었다. 고려사의 기록으로 보아 압해도 지역에서 수달이라 불릴 만큼 수전에 뛰어났던 능창 장군은 왕건이 두려워했을 만큼 강력한 서남해 도서해양세력을 형성했던 것으로 보아진다.

송공산성 입구에는 수달장군 능창 기념하는 비가 세워져 있다. 2017년 9월 16일 안좌면에서 개최된 〈섬들의 고향 신안화합대축제〉 퍼레이드 경연에 "백제 해상왕 수달장군"을 주제로 압해읍민이 참여하여 최고의 성적으로 수상하게 되었다. 이에 수달장군 능창의 역사가 재조명되고 희망찬 신안군의 미래가 열리기를 기원하며 2017년 12월 20일 기념비를 세웠다고 한다.

송공산성

서남해에 위치한 압해도는 아차산현이 설치되는 등 백제의 해상 활동에 중요한 거점 역할을 했다. 압해도에서 가장 높은 송공산(해발 230m)의 정상에 오르면 바다가 훤하게 시야에 들어온다. 이러한 지리적 위치는 군사적으로 활용되어 고대에 축성한 송공산성 흔적이 남아있다. 송공산성은 산꼭대기를 머리띠처럼 비스듬히 두른 테뫼식 산성으로 둘레는 230m이다. 1940년대 조사에 따르면 삼한시대 이전에 축조되었으며 정상에는 성곽과 우물 1기가 있었고 산 가까운 대천리 일대에는 고분 58기가 있다. 고려사에 수달장군 능창에 대한 기록이 남아있어 송공산성 또한 통일신라 말 고려를 건국한 왕건과 후백제의 대결에서 중요한 역할을 했던 것으로 추측된다. 이후 고려사에는 압해도 관련 대몽항쟁의 기록이 남아있다. 1255년 원나라 장수 차라대가 대군을 이끌고 왔으나 압해도 사람들이 대포와 함선을 준비하고 대응하자 전력의 열세를 느끼고 되돌아갔다고 한다. 송공산성은 고대 해상활동의 중심지 였던 압해도를 상징하는 중요한 유적지이며 대몽항쟁의 사적지로도 의미가 크다. 2000년 신안군 향토자료 제16호로 지정되었다.

송공산 등산로

송공산 등산로는 경사가 심하지 않고 바닥이 부드러워 누구나 쉽게 걸을 수 있다는 장점이 있다. 물론 그 보다 더 큰 장점은 걸으면서 만나는 바다 풍경이다. 다도해 바다정원을 산책하는 등산로는 어느 길과도 비교할 수 없는 볼거리를 제공한다. 해발 230m의 송공산은 그리 높지 않은 산이지만 압해도에서 가장 높기 때문에 정상에 오르면 조망이 뛰어나다. 자은도, 암태도, 팔금도, 안좌도, 장산도, 비금도, 도초도 등을 볼 수 있으며 시야가 맑은 날에는 목포대교와 유달산이 팔을 뻗으면 닿을 듯 가깝게 보인다.

그래서 송공산 정상은 신안 제1의 다도해 전망대라고 한다. 송공산 등산코스는 3개가 있는데 어느 길을 택하든 가슴이 시원해지는 바다 정원을 볼 수 있다. 송공산 등산로에는 곳곳에 쉬어가기 좋은 의자가 마련되어 있고 스트레칭 안내판이 있어 무작정 걷기보다는 잠시 쉬면서 근육을 푸는 것이 건강한 걷기에 도움이 된다. 산은 평지보다 빨리 해가 진다는 점을 기억해 늦은 시간에는 산에 오르지 않는 것이 좋다. 송공산 등산로는 송공산 전망대와 송공산 출렁다리를 건너는 재미가 있고 수달장군을 기념하는 의미 있는 비석과 근처에 있는 전통배제작 공방도 들려보면 알찬 시간이 된다.

송공산 등산로

코스A 예상소요시간 1시간 40분

START
1. 등산로 주차장
2. 정상
3. 팔각정
4. 희망의 꽃길
5. 송공산 분재공원
6. 탐방로
7. 등산로 주차장

코스B 예상소요시간 2시간 30분

START
1. 등산로 주차장
2. 출렁다리
3. 탐방로
4. 송공산 분재공원
5. 탐방로
6. 등산로 주차장

코스C 예상소요시간 2시간

START
1. 송공산 분재공원
2. 희망의 꽃길
3. 팔각정
4. 정상
5. 탐방로
6. 송공산 분재공원

금산사

압해대교를 넘어 압해읍사무소에서 오른쪽으로 방향을 잡으면 가룡리 야산 중턱에 금산사(錦山寺)가 위치하고 있다. 금산사는 압해도의 유일한 사찰이다. 전해오는 말로는 백제 법왕 599년 처음 창건되었다고 하지만 임진왜란 때 모두 불에 타 사라지면서 기록이 없어져 확실하지는 않다. 진표 율사가 762년부터 766년까지 4년간 중창 불사를 통해 중수했으며 고려 문종 23년 혜덕 왕사가 광교원을 증설하고 경전을 간행했다는 기록이 남아 있어 과거에는 규모가 작지 않은 사찰이었음을 짐작하게 한다. 오늘날의 금산사는 1904년경 불교 신자였던 압해도의 강성규, 목포의 강영옥 등이 불심을 널리 전파하려고 사찰을 중건했다. 사찰 안의 건물로는 2000여평의 부지에 대웅전, 칠성각, 관음전, 자명당 등이 있다. 송광사의 말사로 1988년 7월 27일 전통사찰 제50호로 등록되었다.

금산사 전라남도 신안군 압해읍 가룡길 130

천사섬 분재공원&저녁노을 미술관&황해교류박물관

천사섬 분재공원에 도착하면 입구부터 특별하다. 문 좌우에 1004라는 숫자가 천사섬 신안에 왔음을 알려준다. 입구를 통과해 안으로 들어가면 첫걸음부터 즐겁다. 두 줄로 나란히 서서 반겨주는 동백나무들 때문이다. 이곳은 겨울에 눈이 내리면 흰옷을 입은 붉은 아기 동백을 보기위해 많은 사람들이 달려오는 곳이기도 하다. 입구에서 오른쪽 탐방로로 따라가면 붉은 수련이 가득 핀 수변공원이 나온다. 수련을 감상하다보면 마음이 편안해진다.

송공산 남쪽 기슭 10ha의 부지에 조성한 천사섬 분재공원은 분재원, 쇼나조각, 미니 수목원, 생태연못, 숲속학교, 유리온실, 초화원, 산림욕장, 저녁노을 미술관 등이 있다. 그 중에서 아프리카 석조문화의 진수인 쇼나조각품들은 특별한 볼거리이다.

2025년 1월에 문을 연 황해교류박물관의 외형은 신안 앞바다에서 발굴된 신안선을 모티브로 하고 있다. 내부는 총 3층 규모로 전시관을 관람하면 황해를 중심으로 고대부터 현재 그리고 미래로 이어갈 동아시아의 문화교류를 살펴볼 수 있다. 3층에 위치한 카페에서는 시원하게 펼쳐진 바다 풍경을 조망할 수 있다.

천사섬 분재공원은 무엇보다 다도해의 아름다운 바다정원이 한 눈에 내려다보이는 곳에 위치해 있어 최근 웰니스(wellness tourism) 여행지로 주목받고 있다. 바쁜 현대인들이 초록초록한 자연 속에서 분재와 함께 1004폭포에서 들려오는 맑은 물소리와 밝은 햇살에서 마음의 여유와 평안을 찾을 수 있기 때문이다.

분재원에는 소나무, 주목, 향나무, 소사나무, 모과나무, 팽나무, 금솔, 향나무, 금송, 피라칸사 등 1,000여 점의 명품 분재가 있다. 천사섬 분재공원 안에 위치한 저녁노을 미술관은 신안의 파도를 연상시키는 독창적인 건축이 특징이다. 신안출신 우암 박용규 화백의 작품이 전시되어 있다. 미술관에서 예술가의 영혼이 담긴 작품을 감상하고 창 밖의 바다정원 뷰가 일품인 북카페에서 차 한잔하는 시간은 잊을 수 없는 여행된다.

천사섬분재공원 전라남도 신안군 압해읍 수락길 330 (월요일 휴관)

압해 동서리 선돌

밭 중앙에 우뚝 서 있는 선돌의 크기가 제법 크다. 다가가 바로 옆에 서보면 더 크게 느껴지며 선돌은 남동쪽으로 약간 기울어 있다. 예전에는 더 높았는데 많이 줄었다고 한다. 크기는 높이 4.8m, 둘레 1m, 두께 0.5m이다. 크기가 커서 힘센 장수들이 지팡이로 썼다는 설화와 송장군이 자신의 부하 사병을 매장한 뒤 그 위치를 표시하기 위해 입석을 세웠다는 설화가 있어 '장수 지팡이' 또는 '장군바위'라고 부른다. 선돌의 위치가 동서리 지석묘 근처에 있는 것으로 보아 선사시대 거석문화의 일종으로 추정하고 있다.

섬 크로코스미아꽃축제

붓꽃과의 다년생 화초인 크로코스미아(Crocosmia)는 애기범부채, 몬트브레차(Montbretia)라는 이름으로 불리기도 한다. 크로코스미아는 백합목 붓꽃과의 여러해살이풀로 개화기는 7~9월이며, 갈라진 가지의 끝에 꽃자루가 없는 꽃이 12~20개씩 꼬리형 꽃차례를 이루며 핀다. 꽃은 지름 2~3㎝로, 심홍색, 주홍색, 황금색, 진홍색 등 색의 변이가 다양하다. 전라남도 신안군 압해읍 송공리의 1004섬 분재정원에서는 국내 최대 규모의 크로코스미아 군락지를 만나볼 수 있다.

제1회 섬 크로코스미아꽃축제는 2021년 개최되었다. 1004섬 분재정원에서는 여름에 개최하는 섬 크로코스미아꽃축제 이외에 가을에는 대한민국 분재대전, 겨울에는 섬 겨울꽃 축제가 열린다. 섬 크로코스미아꽃축제가 열리는 1004섬 분재정원에서는 13.71㏊의 애기동백숲길에서 크로코스미아 200만 본과 애기동백나무 2만 주가 펼치는 꽃의 향연을 즐길 수 있다. 바다 풍경을 정원으로 가지고 있는 저녁노을미술관에서 예술 작품을 관람하거나 삼림욕장, 천일염 족욕 등을 통하여 몸과 마음을 휴식하는 시간을 보낼 수 있다. 유리 온실에서는 300여 점의 분재를 볼 수 있으며, 분재 관련 전시장인 분재원, 분재기념관 등에서 분재 체험이 가능하다. 축제의 주요 프로그램으로는 개막식, 애기범부채 꽃길 걷기, 나에게 쓰는 엽서, 건강 스탬프 투어 등이 있다.

섬 크로코스미아꽃축제는 여름날 주황색 꽃물결이 장관을 이룬다. 2023년 제3회 섬 크로코스미아꽃축제에 2만여 명의 관광객이 다녀가면서 신안군의 대표적인 여름 꽃 축제로 자리매김하게 되었다.

주소 전라남도 신안군 압해읍 무지개길 330(송공리 58-4)

섬 겨울꽃 축제

1004섬 분재정원 조성은 2004년 3월 '도서 웰빙숲 조성 사업'의 일환으로 시작된 계획에서 출발하였다. 본격적인 공사는 2007년 12월부터 시작되었고, 2년 후 2009년 4월 문을 열면서 애기동백나무 2만 주를 심고 가꾸어 애기동백숲길을 조성하였다. 전라남도 신안군은 '1섬 1정원' 프로젝트를 진행하면서 압해도는 겨울에 피는 애기동백꽃을 주제로 정원을 조성하였다. 3년 후 2012년 12월 제1회 섬 겨울꽃 축제를 개최하였다. 2014년 2월 1004섬 분재정원 안에 저녁노을미술관이 개관하였고, 1004섬 분재정원은 2022년 10월 '제1호 신안군립정원'으로 지정되었다.

1004섬 분재정원은 자연에서 여유를 느끼고 배우며 삶의 질 향상을 추구하는 공간이며, 겨울 꽃의 대명사인 애기동백의 개화기에 맞추어 '섬 겨울꽃 축제'를 개최한다. 축제가 열리는 행사장 면적은 총 13.71㏊에 달하며, 주요 시설로는 애기동백숲길, 유리온실, 저녁노을미술관, 산림욕장 등이 있다. 그중 가장 인기 있는 애기동백숲길은 3.5㏊ 규모에 이르며, 2만 그루의 애기동백에서 4000만 송이의 꽃이 피어난다. 전국 최대의 애기동백 군락지로서, 하얀 눈이 내린 후 붉은 애기동백꽃이 피어나는 풍경은 사진작가들의 인기를 끌고 있다.

송공산 애기동백숲은 '2020년에 가봐야 할 블루 이코노미 명품숲'과 '12월의 숲'에 선정되었다. 섬 겨울꽃 축제의 주요 프로그램으로 애기동백숲길 걷기, 스마트폰을 이용한 보물찾기, 소원지 쓰기, 겨울에 쓰면 여름에 받아 볼 수 있는 나에게 쓰는 엽서, 동백꽃 그리기 등의 행사가 진행된다. 섬 겨울꽃 축제가 열리는 1004섬 분재정원은 다도해의 아름다움을 품은 16.4㎢(5000만 평)의 광활한 바다 정원을 배경으로 자연 속 휴식 및 체험 학습 공간을 제공하는 자연 친화적 생태 공원이다. 2023년 축제 기간에 전국에서 6만여 명을 관광객을 맞으면서, 섬 겨울꽃 축제는 신안군의 대표적인 축제가 되었다.

주소 전라남도 신안군 압해읍 무지개길 330(송공리 58-4)

섬 낙지축제

섬 낙지축제는 미네랄이 풍부한 청정 갯벌에서 잡은 신안 낙지의 우수한 맛을 널리 알려 어업인의 소득 증대를 높이기 위하여 개최하고 있다. 섬 낙지축제는 2008년 전라남도 신안군 압해읍 대천리 수락마을 갯벌 일원에서 시작하였다. 2008년 압해대교가 완공되어 축제 방문객의 교통이 편리해졌다. 낙지축제추진위원회가 주관한 제9회 섬 낙지축제에서는 축제 장소를 1004섬 분재정원에서 시원한 바다와 천사대교를 한눈에 볼 수 있는 송공항으로 이전하였다.

섬 낙지축제에서 가장 특별한 프로그램은 국가중요어업유산에 선정된 맨손 낙지 잡기 체험이다. 그 밖에 낙지샌드위치, 낙지비빔밥, 낙지파스타, 낙지호롱, 낙지연포탕, 갈낙탕 등 낙지를 활용한 다양한 음식을 시식할 수 있고, 직접 만들어 보는 체험도 가능하다. 싸움소에게도 먹이는 보양식 낙지에는 타우린이 들어 있어 원기 회복, 피로 회복, 혈중 콜레스테롤 상승을 방지하고 숙취를 푸는 데 도움을 준다. 축제 방문객들은 미네랄이 풍부한 신안 갯벌에서 잡은 낙지를 맛보며 건강까지 챙기는 식사를 할 수 있다. 신안의 대표 수산물인 낙지는 갯벌과 깊은 관계를 가지고 있는 어종이다.

신안군은 우리나라 전체 갯벌 면적의 15%를 차지하고 있으며, 2008년 6월 국내에서 유일하게 갯벌도립공원으로 지정되었고, 2021년에는 유네스코 세계자연유산으로 등재되었다. 신안군은 낙지 금어기로 지정한 6월 21일~7월 20일 직전 어미 낙지를 방류하고 있으며, 방류 후 해당 갯벌에서의 낙지 포획을 금지하고 있다. 신안군은 맨손낙지잡이 기술과 전통적인 어법을 보전하기 위하여 어업인 대상 낙지잡이 대회를 열어 기술 장려금을 지급하는 등 지속 가능한 어업 유산의 발전을 위하여 노력하고 있다.

주소 전라남도 신안군 압해읍 압해로 1852-14

섬 우럭축제

우럭은 전라남도 신안군 흑산군도 일원에서 주로 양식된다. 2023년 흑산수협 위판 현황을 보면, 1,595톤, 178억 원이 거래되었고, 2024년 10월 말에는 1,598톤, 230억 원이 거래되었다. 섬 우럭축제는 흑산도의 우럭을 비롯하여 신안 수산물의 우수성을 알리고 어가 소득을 높이기 위하여 기획되었다. 제1회 섬 우럭축제는 2023년 신안군 압해읍 송공리 송공항에서 개최되었다. 신안군은 풍랑으로 인한 선박 결항 우려와 방문객 접근성 등을 고려하여 개최 장소를 우럭 주산지인 흑산도가 아닌 압해도 송공항으로 결정하였다. 또한, 송공항은 신안군 전 지역 수산물을 횟감 등으로 판매하는 음식점 거리가 형성되어 있어 방문객들이 다양한 수산물을 접하고 맛보며 구매할 수 있다는 장점이 있다. 여름이 끝나는 즈음에 열리는 섬 우럭축제에서는 우럭회, 우럭매운탕, 우럭찜, 우럭간국 등 가장 맛 좋은 우럭을 먹을 수 있다.

섬 우럭축제의 주요 행사는 식전 행사와 축하 공연을 시작으로, 우럭을 이용한 각종 음식 만들기와 시식회, 수산물 깜짝 경매, 우럭 낚시 체험, 경품 추첨, 노래자랑 등 풍성한 프로그램이 마련되어 있다. 우럭 시식회에서는 우럭으로 만든 여러 가지 음식을 맛볼 수 있으며, 다양한 우럭 요리 레시피 책자도 배포한다. 또한, 지역 주민이 우럭을 이용하여 만들 수 있는 다양한 요리법을 알려 주는 프로그램도 운영한다.

섬 우럭축제는 비록 흑산도에서 축제가 열리지 못하는 아쉬움은 있지만, 송공항은 접근성이 좋고 주차장 시설이 잘되어 있어 방문객들이 이용하기에 매우 편리하다. 또한, 송공항은 섬 지역을 방문하려는 관광객들과 주민들이 오가는 길목이기 때문에, 흑산 우럭을 알리는 데 효과적인 축제 장소로 평가받고 있다. 축제가 열리는 장소 인근에 위생적이고 현대화된 유통 기반 시설을 확충하고 있는 송공위판장이 있어 우럭과 함께 신안군의 제철 수산물을 좋은 가격에 구매할 수 있다는 장점도 있다.

주소 전라남도 신안군 압해읍 압해로 1852-14

천사대교

천사대교는 압해도와 암태도를 잇는 다리로 2010년 9월 착공하여 8년 5개월의 공사 기간을 거쳐 2019년 4월 4일 공식 개통되었다. 천사대교는 국내 최초로 현수교와 사장교가 공존하는 다리이다. 천사대교가 개통되면서 신안의 압해도, 암태도, 자은도, 팔금도, 안좌도 지역의 6개 다리가 하나로 연결되었다. 또한 임자도를 연결하는 임자대교 등 신안군의 섬들을 잇는 연륙교 사업이 계속 진행되고 있다. 교통망이 개선되면서 섬 주민들의 생활 여건이 향상되었을 뿐만 아니라 관광객에게도 접근성이 좋아져 신안군의 섬을 더 쉽게 여행할 수 있게 되었다.

넉넉함으로 품어주는
자은도

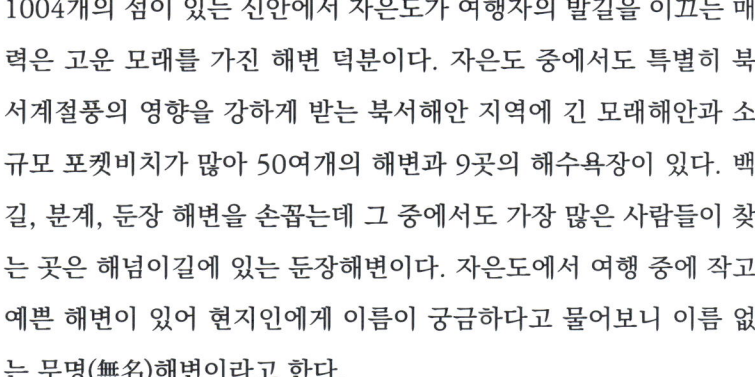

1004개의 섬이 있는 신안에서 자은도가 여행자의 발길을 이끄는 매력은 고운 모래를 가진 해변 덕분이다. 자은도 중에서도 특별히 북서계절풍의 영향을 강하게 받는 북서해안 지역에 긴 모래해안과 소규모 포켓비치가 많아 50여개의 해변과 9곳의 해수욕장이 있다. 백길, 분계, 둔장 해변을 손꼽는데 그 중에서도 가장 많은 사람들이 찾는 곳은 해넘이길에 있는 둔장해변이다. 자은도에서 여행 중에 작고 예쁜 해변이 있어 현지인에게 이름이 궁금하다고 물어보니 이름 없는 무명(無名)해변이라고 한다.

자은도는 해변이 너무 많아 작은 해변까지 일일이 이름을 지어 줄 수 없다고 한다. 그렇다면 여행자가 머무는 동안 나만의 해변으로 이름을 지어 보는 것은 어떨까. 자은도에는 프라이빗한 해변이 많다. 그림 같은 바다에서 나만의 해변을 맘껏 즐기고 싶다면 더할 나위 없는 최고의 여행지가 바로 자은도이다.

해변산중 자은도

자은도를 여행하다 보면 농촌 어딘가를 걷고 있는 듯 착각하게 될 정도로 평지가 계속 이어진다. 자은도는 주민들이 오래전부터 두 손으로 둑을 쌓아 거대한 농토를 얻는 간척사업을 했다. 피나는 노력으로 만든 드넓은 논과 밭이 있어 바다일 보다는 들일을 주로 하고 있다. 자은도는 간척지로 면적이 넓어져 전국의 섬 중에서 열두 번째로 큰 섬이 되었다. 자은도를 찾아갔을 때는 어디를 가든 들판에 양파로 넘쳐났다. 자은도에서 자란 양파가 유독 맛있고 보관이 오래가는 이유는 일교차와 바닷바람 그리고 물 빠짐이 좋은 땅 덕분이다. 자은도의 주요 농산물은 양파, 대파, 마늘, 땅콩이며 가을에는 유기농 함초를 수확하고 이듬해 3월까지는 김을 생산한다.

 자은도 위치

신안군의 북서부에 위치한 자은도는 암태도, 팔금도, 안좌도와 다리로 연결되어 있다. 목포시와는 41.9km 떨어져 있다. 자은도는 천사대교 개통 후 목포에서 차량으로 약 50분 거리가 되었다. 자은도는 동쪽으로 두봉산, 두모산 등이 있어 높고 서쪽은 낮아 경작지와 해수욕장이 발달되어 있다.

염전도 있으며 암태도를 바라보는 갯벌이 광활하다. 자은도는 일 년 내내 땅에서 나는 풍부한 농산물과 바다가 주는 싱싱한 해산물로 주민소득이 상당히 높다.

자은도 해넘이길

편리한 교통 덕분에 손에 잡힐 듯 자은도가 매우 가까워 졌다. 그러나 섬의 규모가 너무 커서 하루 당일로는 모두 돌아보기 어렵다. 만만하게 생각하고 자은도를 찾는다면 실례이다. 우리나라서 열두 번째로 큰 섬이기 때문이다. 최소 2일에서 3일은 시간여유를 가지고 천천히 자세히 아름다운 풍경을 만끽하는 것이 좋다. 자은도에서 딱 한곳만 가야한다면 현지인들은 해넘이길을 추천한다. 이 길은 송산~한운~둔장~두모를 연결하는 해안길로 총 12km의 길이다. 모든 길이 고된 길이 없기 때문에 시원한 바닷바람과 탁 트인 해안 풍경을 따라 누구나 즐거운 걷기를 할 수 있다. 2013년 해양수산부는 고운 모래가 펼쳐져 있는 백사장과 울창한 소나무 숲이 있는 해넘이길을 대한민국 해누리길로 지정하였다.

둔장해변과 무한의 다리

해넘이길 윈드비치(바람이 많은 해변이라 윈드비치라 불리는 탐방데 크이다)를 따라 둔장해변이 있는 바다로 내려오면 할미도로 향하는 갯벌생태탐방로 '무한의 다리'가 나온다. 1004m의 인도교로 2019년 완공되었다. 무한의 다리라는 이름은 한국을 대표하는 조각가 박은선과 스위스 출신의 세계적인 건축가 마리오보타가 지었는데 무한대(∞)를 의미하는 8월 8일 섬의 날을 기념하고 섬과 섬을 다리로 연결하여 끝없는 발전을 의미한다. 무한의 다리 덕분에 바닷물과 상관없이 할미섬까지 자유롭게 산책하면서 세계 5대 갯벌 중의 하나인

서남해안 갯벌을 가까이서 볼 수 있게 되었다. 할미섬에서 이어지는 사월포까지는 솔숲 산책로와 해변길 중에 선택해 걸을 수 있다. 할미섬이 유명한 건 국내 최대 규모의 독살이 있기 때문이다. 독살은 서해안의 조수간만의 차이를 이용하는 전통적인 고기잡이 방식이다. 해안에 돌을 쌓아 밀물이 되면 고기가 같이 들어왔다가 썰물이 되면 물이 빠지면서 돌담에 남은 고기를 잡는데 석방렴이라고도 한다. 바닷물이 완전히 빠지면 할미섬으로 향해있는 독살을 가까이에서 볼 수도 있다. 둔장해변 갯벌에서는 백합 캐기, 낚시, 밀물과 썰물의 조석간만의 차를 이용한 전통 고기잡이 방식인 독살체험 등을 할 수 있다. 체험 문의는 둔장어촌체험마을(061-271-8476)로 하면 된다.

둔장마을 작은미술관

신안문화원은 둔장마을의 소중한 추억이 담긴 자은면 둔장마을 회관을 리모델링하여 2020년 12월부터 둔장마을 작은미술관을 운영하고 있다.

주소 전라남도 신안군 자은면 둔장길 33-4

분계해변과 여인송

분계해변은 백길, 둔장과 함께 자은도 3대 해변으로 손꼽을 만큼 해안 풍경이 아름답다. 바다를 곁에 두고 아름드리 소나무가 숲을 이룬 길을 걷는 여행은 그 자체로 몸과 마음을 가볍게 해 준다. 특히, 이곳은 여인송이라 불리는 소나무가 유명해 분계해변을 신비로운 이야기로 이끈다. 여인의 몸매를 꼭 닮은 형상을 한 소나무에 붙여진 이름이다. 여인송을 포함 한 아름드리 해송 100여 그루가 장관을 이루는 이곳은 조선시대부터 방풍림으로 조성한 숲이다.

여인송(女人松) 전설

옛날 분계마을에 가난하지만 고기잡이를 하면서 행복하게 살아가는 부부가 있었다. 어느 날 사소한 말다툼을 벌이고 고기잡이를 나간 남편이 큰 풍랑을 만나 돌아오지 않았다. 후회한 부인은 날마다 이곳 솔등에 올라 우각도 너머 수평선을 바라보며 남편의 무사귀환을 애타게 빌며 기다렸다. 그러나 날이 가고 달이 지나도 남편은 돌아오지 않았다. 기다리다 지친 부인은 어느 날 밤 꿈속에서 소나무를 물구나무를 서서 보니 남편이 배를 타고 돌아오는 모습이 보였다. 다음날부터 부인은 비가 오나 눈이 오나 분계의 제일 큰 소나무에 올라 남편이 배를 타고 오는 환상을 보곤 하였다. 어느 추운 겨울날 기다림에 지친 아내는 소나무에서 거꾸로 떨어져 동사하게 되었다. 그 후 돌아온 남편이 아내의 시신을 수습하여 그 소나무 아래 묻어주자 나무는 거꾸로 선 아름다운 여인의 자태를 닮은 여인송으로 변하여 지금까지 남아있다.

연인 간의 사소한 말다툼이 한으로 남을 수 있다는 교훈과 아름다운 기다림을 간직한 여인송에는 부부의 금슬을 좋게 만드는 신령스러운 힘이 있다고 전해진다. 옛날 한 여인이 남편의 바람기 때문에 고민을 하다가 이 여인송을 두팔로 끌어안고 하소연을 하자 그 뒤로 남편의 바람기가 거짓말처럼 사라지게 되었다고 한다. 그 후 연인끼리 여인송을 두팔로 감싸 안으면 백년해로를 이룬다는 소문이 퍼져 오늘도 수많은 사람들이 찾아 소원을 빌며 사랑을 키워가고 있다.

세계 조개박물관

할미섬에서 분계해수욕장으로 가는 길에 세계 조개박물관이 있다. 2020년 8월에 문을 연 세계조개박물관은 진귀한 1만 1천여 점의 조개들을 관람할 수 있다. 갯벌의 환경지표인 조개와 고동류를 연구하고 전시하기 위해 설립된 박물관이다. 전시관은 총 2개의 주제관으로 1관에서는 여러 가지 조개와 고동 그리고 멸종위기종인 조개들의 세계에 대해 전시하고 있고 2관은 선사시대 패총에서부터 현대의 조개공예까지 인류와의 인연을 흥미롭게 전시하고 있다. 1004 뮤지엄 파크는 바다와 숲이 어우러진 자은도 양산해변 일대에 조성된 해양 복합 문화 단지로 세계조개박물관과 함께 1004섬 수석미술관, 수석정원이 있다. 수석미술관 어플을 다운로드하면 산신령이 등장해 수석을 소개하고 용을 닮은 수석이 폭포를 따라 날아오르는 등 5가지의 테마를 증강현실(AR)로 경험할 수 있다.

1004 뮤지엄파크 전라남도 신안군 자은면 자은서부2길 508-65
세계조개박물관 전라남도 신안군 자은면 자은서부2길 508-61

두봉산

자은도는 섬 중앙에 우뚝 솟은 두봉산(斗峯山, 364.8m)을 중심으로 동서남북으로 나누어지고 산자락에 24개의 마을이 그림처럼 자리하고 있다. 자은도를 완벽하게 느껴 보려면 천도천색길 4코스 그리운 마루길을 따라 두봉산 정상에 올라야 한다. 길은 5.5km로 2시간 30분이 소요된다. 정상에 오르면 사방으로 발아래 신안의 1004의 섬이 올망졸망해 내려다보는 재미가 있다. 신성한 산으로 대접받는 두봉산은 신안의 섬 중에서 두 번째로 높은 363m로 위쪽으로 바위벼랑을 이루고 있어 바닷길 이정표 역할을 해 왔다. 산 이름에 쌀 '두(斗)'자를 쓰고 있는데 그 이유는 천지가 만들어질 때 자은도는 물속에 잠겨 있었는데 한 말(1斗)의 땅 덩어리가 솟아 오른 후 시간이 지나면서 육지가 되어 두봉산이 되었다고 한다. 두봉산 정상에는 전설을 입증하듯 바위에 조개껍질 흔적이 붙어있다. 두봉산 남쪽 해발 126m 지점에는 천혜방이라 부르는 방 모양의 바위굴이 있다. 두사춘이 이곳에 숨어 있다가 고향으로 떠났다고 한다.

백길해변

예전에는 자은도에 가려면 반드시 배를 타야했지만 천사대교 개통 후 자은도로 가는 길이 쉬워졌다. 이제는 차를 타고 천사대교를 지나 10여분 남짓 더 달려가 은암대교를 건너면 바로 자은도에 닿는다. 자은도는 자연형 해수욕장과 모래사장이 발달된 섬으로 유명한데 그 중에서 제일로 손꼽는 곳이 백길해변이다. 자은도 유각리에 위치한 백길해변에 도착하면 3km가 넘는 광활한 해안선을 따라 고운 모래사장이 끝없이 펼쳐진 규모에 놀라고 송림과 어울린 바다의 이국적인 아름다움에 두 번 놀란다.

자은도 가는 길

자은도는 천사대교가 개통된 후 목포에서 차량으로 50분 정도 소요된다.

100+4피아노 섬 축제

신안군은 예술섬 사업의 일환으로 2022년 11월 자은도를 '피아노의 섬'으로 명명하고, 한국을 대표하는 작곡가 겸 피아니스트 임동창을 예술 감독으로 추대하여 '피아노의 섬' 프로젝트를 추진하였다. '피아노의 섬' 개념은 프랑스 북부의 작은 도시 르 투케 파리 플라주의 피아노 축제 '레 피아노 플리에(Les Pianos Folie)'를 벤치마킹한 것이다. 이듬해인 2023년, 100+4피아노 섬 축제를 개최하였다. 축제는 유네스코 세계자연유산으로 지정된 한국의 갯벌과 빼어난 자연 경관을 보유한 자은도 양산해변 천사섬뮤지엄파크에서 진행되었다.

100+4피아노 섬 축제 기간 동안 피아노의 섬 자은도에서는 바다 풍경을 배경으로 다양한 형태의 피아노 콘텐츠를 경험할 수 있다. 방문객들은 피아노 건반 기차를 타고 천사섬뮤지엄파크 주차장에서 행사장까지 편안하게 이동할 수 있다. 100+4대 피아노 오케스트라 공연, 나도 100+4 피아니스트 등이 초대형 메인 무대에서 진행된다. 피아노섬 캠핑 존이 있어 사전 신청자는 피아노섬에서 특별한 하룻밤을 보내며 모닥불 음악회, 별빛 시네마를 즐길 수 있다. 국내 정상급 연주자와 관객이 함께하는 보라해 댄스 페스티벌, 해변 버스킹 연주도 열린다. 또한, 김밥 페스타가 같이 열려 신안의 신선한 식재료가 담긴 김밥과 자은도의 별미를 함께 즐길 수 있다.

100+4피아노 섬 축제 동안 100+4대의 피아노 협연과 천사섬뮤지엄파크 내 곳곳에서 울려 퍼지는 버스킹 피아노 공연이 방문객들의 마음을 피아노 선율로 가득 채운다. 그뿐만 아니라 양산해변, 사구, 야외공연장 등 행사장 곳곳에 배치된 포토존 피아노는 축제 이외의 기간에도 연중 신안군 관광 명소로 자리매김하고 있다.

주소 전라남도 신안군 자은면 자은서부2길 508-65[백산리 633-93]

신안 샴막 예술축제

신안 샴막 예술축제는 1851년 프랑스 고래잡이 어선 나르발호의 비금도 난파 사건을 통하여 맺어진 조선과 프랑스의 우호적 만남을 기념하기 위하여 비금도와 자은도에서 2024년부터 열리는 예술 문화 축제이다.

신안 샴막 예술축제는 비금도의 역사 스토리를 토대로 축제 콘텐츠를 개발하였고, 각 나라의 대표 주류인 샴페인과 막걸리의 앞 글자를 가져와 축제 이름으로 정하였다. 2024년 처음으로 열린 제1회 신안 샴막 예술 축제는 주한 프랑스대사관 관계자, 서울프랑스학교 및 국제학교 청소년, 신안군 청소년, 한국막걸리협회, 막걸리·샴페인 관련 업체, 관광객 등이 참가하여 성공적으로 개최되었다. 1851년 나르발호 만찬 장면 재현, 프랑스 관계자 초청 등을 통하여 신안군과 프랑스 문화 교류 활성화에 이바지하는 기회를 제공하였다.

신안 샴막 예술축제는 공연, 전시 및 체험, 컨퍼런스로 크게 나뉘어 진행된다. 비금도 이세돌바둑박물관에서 열린 기념식 공연에서는 노름마치·마포로르·김용화·김광윤의 국악 공연, 유발이·김유리의 샹송, 신안1004섬청소년오케스트라의 클래식, 압해동초등학교합창단·하비에르국제학교의 합창, 극단 갯돌의 소리극, 하비에르국제학교의 소고춤, 비금뜀뛰기 강강술래보존회·비금중학교와 전 출연진이 함께하는 전통 놀이가 펼쳐졌다. 또, 체험 부스에서는 샴페인 및 막걸리 시음, 신안 및 프랑스 미식 체험, 막걸리 빚기 체험이 열렸고, 1004 굴 및 신안의 특산물이 전시되었다.

주소 전라남도 신안군 자은면 자은서부2길 508-65[백산리 633-93]

신안세계김밥페스타

신안군은 우수한 농수산물이 많이 생산되는 지역이다. 그중에서도 김밥의 기본 재료인 김과 쌀을 비롯하여 여러 가지 다양한 맛을 내는 전복, 홍어, 톳, 대파, 양파, 당근 등의 식재료가 풍부하다. 신안군은 농어민을 돕는 우수한 농수산물 홍보 방안으로 2023년도부터 신안세계김밥페스타를 개최하였다.

신안세계김밥페스타에서는 김밥을 만들고 맛보는 것을 넘어 '신안 꽃 김밥 체험', '우리 쌀 강정 체험', '셰프의 김밥 쿠킹쇼' 등의 프로그램을 개최하였다. 행사 참가자들은 자은도 해변에 앉아 김밥과 함께 소풍을 즐길 수 있는 피크닉 가든을 즐겼다. 그 밖의 행사로는 김밥 만들기 체험 존, 어린이 놀이터 등이 운영되었다. 페스타에 방문한 참가자들에게는 신안쌀, 땅콩강정, 말린 톳 등 2,000개의 경품을 선착순으로 제공하였다. 축제 기간 동안 신안에서 생산되는 김, 전복, 홍어, 톳, 대파, 양파 등의 식재료를 이용하여 만든 홍어카츠김밥, 소금김밥, 정원김밥, 바다김밥 등의 김밥을 자체 개발하여 저렴한 가격으로 판매하였다. 또한, 행사장 일원에서는 '100+4피아노 섬 축제'가 개최되어 방문객들은 두 개의 축제를 동시에 즐길 수 있었다.

2024 신안세계김밥페스타에서는 이마트24와 손잡고 더욱 풍성한 행사를 진행하였다. 전국에서 온 참가자들은 예선전을 거쳐 20팀이 K-김밥월드컵 본선에서 경쟁을 하였다. 대회 수상작은 편의점 김밥으로 만들어져 전국 6,600여 매장에서 신안군의 식재료로 만든 김밥을 맛볼 수 있었다.

주소 전라남도 신안군 자은면 자은서부2길 508-65

김환기의 고향
안좌도

화가가 그림을 그린다는 것은 화가의 눈으로 사물을 보고 손을 움직여 화폭에 그리는 것이다. 그런데 미술관에서 마주한 현대미술을 보면 같은 사물이라도 그리는 화가에 따라 너무도 다른 모습이다. 사진을 찍어 놓은 듯 그리는 구상화가도 있지만 추상화가일수록 화가는 눈으로 보이는 것을 그대로 옮겨 그리지 않는다. 일반적인 사람들은 화가의 영혼을 거쳐 화면에 투영되어 나타난 것을 보고 도대체 왜 이런 그림을 그렸는지 알 수 없는 경우도 많다. 현대미술의 이해로 한 발자국 내딛으려면 사물의 외피보다는 사물을 보는 화가의 영혼을 들여다봐야 감상이 가능하다. 화가의 영혼이라는 여과지는 어떻게 만들어지는 것일까?

빛나는 보물을 감추고 있는 듯 눈부시게 빛나는 바다와 찬란하게 별비 쏟아지는 밤 그리고 환한 달빛이 어루만지는 산하를 어린 시절 안좌도에서 보고 자란 화가 김환기가 있다. 안좌도를 여행하면서 김환기가 보고 자란 풍경과 색 그리고 향기를 온몸으로 느껴본다.

그의 어머니는 '빨랫줄에 널린 형형색색의 천들이 바람에 춤을 추며 푸른 하늘에 그림 그리는' 태몽을 꾸었다고 한다. 태몽도 안좌도와 잘 어울리는 이미지이다. 그는 안좌도를 떠나 동경, 서울, 파리, 뉴욕에서 그림을 그렸다. 표현 방식은 머물었던 곳마다 바뀌었지만 그가 그리는 그림 안에는 민족정서가 가득 담겨 있다. '똑 닭이 알을 낳듯이 사람의 손에서 쏙 빠진 항아리', '내가 찍은 점, 저 총총히 빛나는 별만큼이나 했을까. 눈을 감으면 환희 보이는 무지개 보다 더 환해지는 우리 강산.' 40여 년간 쉴 새 없이 그림을 그린 김환기는 스스로를 낮에는 옷감을 짜고 밤에는 옷감을 풀었던 페넬로페의 베짜기와 같다고 비유했다. 수만 번을 반복하며 질문하던 화가의 영혼은 세계인에게 큰 감동을 주는 아름다운 추상점화가 되었다.

 안좌도 위치

신안군의 남종부에 위치한 안좌도는 목포에서 서남쪽으로 21km 지점에 있다. 북쪽에 있는 팔금도와 팔금면과 연도교(신안 제1교)로 이어져 있다. 서쪽으로는 비금면과 도초면, 남쪽으로 장산면과 인접해 있다.

두 섬이 하나로

1929년 안창도와 가좌도 두 섬이 간척공사로 하나의 섬이 되면서 안창도의 '안'과 가좌도의 '좌'를 합쳐 안좌도(安佐島)라 부르게 되었다. 안좌면에는 안좌도, 자라도, 사치도, 반월도, 박지도, 요력도 7개의 유인도가 있다. 무인도는 각 기관마다 기준이 달라 다양하게 정리되고 있다. 전라남도에서 정리한 전남의 섬에서는 45개의 무인도서가 있는 것으로 파악되었다. 안좌도에 선사시대와 고대 문명의 흔적들이 즐비한 것은 안좌도가 고대 해양 교류의 근거지였고 섬에 강력한 군사집단이 주둔했다는 증거다.

화가 김환기와 생가

20세기 대한민국의 대표적인 화가 김환기(金煥基, 1913-1974)는 전라남도 신안군에 있는 안좌도에서 태어났다. 15세에 서울에 있는 중동학교에 입학하였으나 미술수업을 위해 일본으로 건너가 중학을 마치고 1933년 동경 일본대학 예술학원 미술부에 입학해서 미술공부를 했다. 김환기의 작품세계는 크게 동경시대, 서울시대, 파리시대, 뉴욕시대로 나누어 볼 수 있다. 청년 김환기는 일본에서 공부하는 시기에 서양의 새로운 미술 경향을 익혔으며 추상미술에 입문했다. 당시 일본에서 작업한 작품들은 후기입체파적 경향을 보이면서 한국정서가 담긴 서정성이 특징이다. 1937년 한국에 돌아온 김환기는 다음해 작품 론도를 세상에 내 놓았다. 이 작품은 우리나라 최초의 추상작품 중 하나로 대한민국근대문화재로 지정 등록되었다.

광복 후 1948년에서 1950년까지 서울대학교 예술학부 미술과 교수로 재직하면서 화가 활동과 함께 한국미술계의 중추적인 역할을 했다. 1950년 한국전쟁으로 부산으로 피난 가서 해군 종군 화가로 활동했다. 전쟁이 끝난 후 1952년부터 홍익대학교 교수로 재직하다가 1956년 그는 프랑스로 건너간다. 파리에 머물면서 서양화의 재료와 기법을 사용해 달, 백자, 매화 사슴, 새 등 한국적 소재를 그린다. 특히 1959년에 그린 〈달밤의 섬〉은 그가 태어난 안좌도가 보이는 것 같다. 그는 파리에서 자신의 정체성과 예술세계에 대해 깊이 성찰하면서 "여기 와서 느낀 것은 시(詩) 정신이오. 예술에는 노래가 담겨야 할 것 같소." 라는 말을 남겼다. 이 말은 예언처럼 들리는데 1970년 친구 김광섭 시인의 시에서 영감을 받아 그의 대표작 〈어디서 무엇이 되어 다시 만나랴〉라는 작품을 완성하게 된다. 그의 시정신(詩精神)이 발현된 것이다. 김환기는 1959년 파리에서 한국으로 돌아 와 1963년까지 홍익대학교 학장으로 재직했다.

이후 1963년 상파울루 비엔날레의 한국대표로 참가 한 뒤 미국에 정착하여 뉴욕에서 작품 활동을 하다 1974년 생을 마쳤다.

"나는 누구인가, 어디에서 왔으며 어디를 향해 가고 있는가?" 김환기의 질문들은 민족정서가 담긴 추상점화가 된다. 뉴욕으로 건너가 사망 때까지 약 10년간은 그의 작품 활동에 정점을 찍었다.

안좌도에는 세계적인 서양화가 김환기가 어린 시절을 보낸 집이 잘 보존되어 있다. 생가는 1920년대 백두산에서 가져 온 목재로 지은 북방식 「ㄱ」자형 한옥이다. 1992년 지방기념물 제148호로 지정되었고 2007년에는 국가 중요민속자료 제251호가 되었다.

세계화석광물박물관

2009년 7월 예술의 섬 안좌도에 세계화석광물박물관이 문을 열었다. 신안의 섬을 다니다보면 해안가에서 다양한 색과 모양의 돌(암석)을 보게 된다. 호기심이 많은 사람이라면 그냥 지나치지 못했을 것이다. 궁금증을 풀고 싶다면 신안군 안좌면 대리길에 있는 세계화석광물박물관이 답이다. 암석을 구성하는 가장 작은 단위가 광물이다. 많은 광물은 자기만의 결정형태와 색을 지니고 있다. 아름답고 신비로울 뿐 아니라 과학적으로도 매우 매력적인 대상이다.

광물 1관과 2관에 가면 매우 다양한 색과 질감의 광물과 함께 우주에서 온 암석도 볼 수 있다. 화석1관과 2관에서는 공룡을 비롯하여 고생물, 식물, 어패류 등 국내외 희귀화석이 전시되어 있다. 전체적으로 빠뜨리면 아쉬운 관람 포인트 세 가지를 추천하자면 자신의 탄생석을 찾아보는 재미가 있고 형광물질을 가지고 있는 신기한 반딧불이 돌과 신안군 압해도에서 발견된 공룡알 19개를 확인하면서 거대 공룡을 상상해 볼 수 있다.

전시 공간에서 만나는 세계희귀화석과 광물들은 신안군 지도 출신 박윤철 씨가 평생을 모아온 수집품 4,000여점을 신안군에 아낌없이 기증해서 가능하게 되었다. 박물관 건물은 원래 인근 지역 아이들이 다니던 안창초등학교였다. 인구가 감소하면서 학생이 없어 폐교가 된

초등학교를 신안군이 매입하여 리모델링을 통해 박물관으로 재탄생시켰다. 박물관에서는 전시품을 관람하고 창작공방에서는 예술인들이 관람객과 소통하고 체험활동을 할 수 있는 복합공간으로 구성되어 있다. 박물관 건물 앞 운동장은 힘껏 달려도 거칠 것이 없다. 특별히 아이들을 동반한 가족여행 중이라면 흥미로운 공부여행으로 아이들의 눈이 반짝반짝할 곳이다. 관람 후 운동장에서 바람을 따라 신나게 한 바퀴 뛰어도 즐거운 곳이다.

주소 전라남도 신안군 안좌면 대리길 18-20

대리마을 팽나무 우실

오래전 섬에 사는 뱃사람에게 바람은 어떤 의미였을까? 바람이 세면 배가 뒤집히고 바람이 멈추면 풍선은 멈출 수밖에 없었다. 순풍이 불어야 고기도 잡고 원하는 곳으로 갈 수 있었다. 따라서 섬사람의 삶에는 바람신에 대한 신앙이 자리 잡았다. 정성을 다해 바람신을 모시는 당제를 올리고 바람을 다스리는 지혜로 우실을 만들었다. 우실은 마을의 울타리라는 뜻이다. 보통 북쪽이나 서쪽에 나무를 심어 숲을 만들거나 돌로 담장을 쌓았다. 바람을 막아 농작물과 가옥을 보호하는 실용적인 목적과 액운을 막겠다는 신앙적 의미가 함께 있다. 마을에서는 힘을 합쳐 평안과 존속을 위해 우실을 엄격하게 보호했다. 안창도와 기좌도가 하나로 연결되기 전 대리마을은 안창도에 속했다. 겨울이면 바다에서 거센 북서풍 하늬바람이 불어 삶을 위협했다. 이 바람의 위력에 맞서기위해 대리마을 사람들은 120여 그루의 팽나무를 심어 숲을 조성했다. 팽나무는 바닷가에서 잘 자라서 포구나무라고도 한다.

대리마을은 우실로 인해 400여 년 동안 안전을 보장받았다. 안좌도에는 대리마을 이외에 마명리, 구대리, 대척리, 여흘리, 한운리, 신촌리 등에 우실이 있어 지금도 성난 바닷바람을 막아내고 있다.

자라도와 망화산 생태숲

자라도는 전라남도 신안군 안좌면에 속한 섬으로 목포에서 서남쪽으로 22.2km, 안좌면 남동쪽으로 9km 지점에 위치해 있다. 연도교(자라대교)로 연결되어 있어 안좌도에서 차로 언제든 통행이 가능하다. 섬을 위에서 내려다보면 그 모양이 자라를 닮아 자라도라 부른다. 자라도와 증산도 사이에는 계림염전을 증산도와 휴암도 사이에는 호남염전을 개발하여 세 섬은 염전으로 이어져 하나의 섬으로 통합되었다. 자라도 선착장에 위치한 이호준불망비는 원래 미덕섬에 있었으나 자라도와 연결된 후 옮겨졌다. 고종 9년(1872)에 세워졌으며 하의 3도 농민운동과 관련 있는 비석으로 추정된다. 선착장에서 옛 초등학교를 지나 자라의 등허리에 위치한 망화산 생태숲에 오르면 난대림의 산림생태환경이 비교적 잘 보전되어 있다. 망화산 생태숲 전망대에서는 안좌복호, 우목도, 장산도, 하의도 등 다도해를 감상할 수 있다.

섬 왕새우축제

전라남도 신안군의 왕새우 양식은 2024년 기준 281어가, 807㏊ 면적에서 3,500여 톤(500억 원)을 생산하고 있다. 전국 생산량의 52%, 전라남도 생산량의 81%를 차지하고 있다. 신안군 지역에서 양식되는 왕새우는 대부분 흰다리새우이다. 흰다리새우는 보리새우과에 속한 새우로 멕시코와 페루가 원산지이며, 양식을 통하여 길러 대하의 대용으로 널리 소비되고 있다. 5월경 어린 새우를 입식하며, 8월 말부터 11월 중순까지 출하한다.

신안군은 왕새우 소비 촉진과 신안 왕새우의 우수성을 알리기 위하여 2010년부터 섬 왕새우축제를 개최하였다. 개최 시기는 왕새우 출하 시기인 9월 말부터 10월 초 무렵이다. 2010년 신의도를 시작으로 왕새우 산지인 장산도, 안좌도, 팔금도 일원에서 개최되었다.

평일에는 농산물·수산물 특산품 판매 행사와 먹거리 부스 위주로 운영하며, 방문객이 많은 주말에는 축하 공연과 함께 왕새우 가요제, 왕새우 깜짝 경매, 왕새우 맨손잡기 대회, OX퀴즈 프로그램을 진행하였다. 섬 왕새우축제의 먹거리 부스는 축제 기간 동안 많은 사람들이 몰렸다. 부추 왕새우전, 왕새우회, 통새우튀김, 소금구이, 새우주먹밥, 새우라면 등 다양한 새우 요리를 제공하였다.

제6회 섬 왕새우축제는 옐로우 섬 팔금도의 특색을 한껏 살렸다. 축제 현장 행사 부스와 행사장 진행자의 복장 등 대부분을 옐로우 칼라로 통일하여 독특한 축제 공간을 연출하였다.

주소 전라남도 신안군 신의면, 장산면, 안좌면, 팔금면 일원

아는 만큼 보여요

POINT ✓ 안좌도 지석묘군과 방월리 칠성바위

지석묘(支石墓)와 고인돌은 같은 말이다. 우리나라 여행을 하다보면 전국 곳곳에서 고인돌을 만난다. 한반도는 고인돌의 왕국이라 불릴 만큼 세계 고인돌의 약 40%를 차지하기 때문이다. 한국의 고인돌은 청동기시대의 대표적 무덤 양식으로 추정하고 있다. 고인돌을 만들 때 거대한 돌을 운반 하려면 대규모의 인력이 필요해서 족장(族長) 등 지배계급들의 무덤이라는 것이 일반적인 학설이다. 그러나 고인돌은 돌만 남아있어 추측과 상상에 맡겨야 한다. 안좌도에는 치동마을, 대우리 비화마을 그리고 방월리에 고인돌들이 있다.

안좌도의 고인돌은 그냥 바위가 아니라 신성한 존재였다. 방월리에 가면 안좌도에서 가장 규모가 큰 고인돌군을 볼 수 있다. 지석묘A군은 17기로 서부교회 뒤편 솔밭 속에 위치하고 있다. 지석묘B군은 13기로 서부초등학교에서 200m 떨어진 숲속에 있다. 지석묘C군은 5기로 방월마을에서 남쪽으로 150m 떨어진 논 가운데 있다. 지석묘D군은 7기로 마을 입구 공동우물 주변에 산재해 있다. 그중 마을 우물가 주변에 있는 D군 7기의 고인돌은 특별히 칠성바위라 부르며 칠성 신앙으로 신봉했다. 칠성 신앙은 북두칠성을 신격화한 성신 신앙인데 칠성신은 인간의 수명과 부귀와 강우 등을 관장하는 신이다. 매년 정월 보름날이 되면 칠성바위는 방월마을 당제의 아랫당으로 제를 지냈다. 그러나 안타깝게도 도로 공사를 하면서 칠성바위 일부가 파손되었다.

고인돌 제작과정

1. 고인돌 세우기

2. 고인돌 사이에 흙 채우기

3. 덮개돌 올리기

4. 흙 제거하기

POINT ✓ 읍동리와 대리 배널리 고분군

읍동리에 있는 안좌고등학교 뒤편으로 가면 백제시대 석실고분 2기를 확인할 수 있다. 원래는 3~4기가 있었는데 일제강점기에 도굴되고 파괴되면서 2기만 남았다고 한다. 고분에 쓰였던 석재들도 가져다 다른 용도로 사용하면서 유실되었다. 지역 주민들은 이 무덤들이 왜 이곳에 있는지 몰랐기 때문에 고려장이라 불렀다.

대리마을에서 남동쪽으로 800m쯤 가다보면 바다가 맞닿은 밭에 3기의 석실분이 있다. 이 고분들은 배널리라고 부르는 바다 옆에 위치하고 있어 대리 배널리 고분군이라 부른다. 지역 주민들은 몰무덤이라 부르고 있다. 발굴 작업으로 1호분에서는 50cm 정도의 쇠와 빨강, 파랑 구슬이 나왔다. 3호분에서는 투구, 갑옷과 함께 칼과 창 각 5자루, 화살촉과 옥 수십 점이 출토됐다. 이 고분들은 수혈식 석곽분으로 가야의 풍습이 확인 되어 가야와 관련된 인물의 무덤이었을 것으로 추정하고 있다.

퍼플섬이라 부르는
반월도·박지도

안좌면에는 본섬인 안좌도를 비롯해 반월도, 박지도, 사치도, 자라도, 부소도, 요력도로 7개의 유인도서가 있다. 그 중 반월도는 섬의 모양이 반달을 닮아 반월이라 불리게 되었다. 반월마을 입구에는 팽나무, 버드나무, 동백 등이 군집을 이루고 있는데 이곳을 반월신당이라고 부른다. 맞은편에 있는 섬(박지도)의 신당을 할아버지 당이라고 하고 반월신당은 할머니당이라 하는데 당제를 지낼 때 이렇게 두 섬이 연결되어 제를 지내는 점이 흥미롭다. 그런 인연 때문일까 2010년 두 섬을 잇는 소망의 다리(퍼플교)가 완공되었다. 소망의 다리가 이어주어 새롭게 태어난 퍼플섬은 라벤더가 피어나기 시작하면 더욱 더 보랏빛으로 빛나는 섬이 된다. 보랏빛 행복을 만끽할 수 있는 퍼플섬이 최근 국내를 넘어 세계적 관광명소로 관심을 한껏 모으고 있다.

소망의 다리에서 퍼플교로

안좌면 두리에서 건너편 박지도(577m)와 박지도에서 맞은 편 반월도(915m)를 잇는 해상 데크길이 완공된 2010년 당시의 다리 이름은 '소망의 다리'였다. 1.46㎞의 소망의 길은 차는 다닐 수 없고 사람만 걸어서 다니는 길이다. 소망의 다리라는 처음 이름은 평생을 박지도에서 살아온 김매금 할머니의 이야기에서 시작되었다.

할머니는 생전에 걸어서 두 발로 목포까지 가고 싶다는 간절한 소원이 있었다. 소망의 다리가 할머니의 간절함에 응답해 준 것이다. 어디 할머니뿐이었을까 팔을 뻗으면 닿을 것 같은 육지는 눈앞에 보이는 가까운 곳이지만 바닷물 때문에 반드시 배를 타야하는 불편은 주민 모두의 염원이었을 것이다. 소망의 다리에 이어 천사대교가 개통되면서 할머니는 이제 두 발로 걸어서 목포까지 갈 수 있게 되었다. 소망의 다리가 완공되고 보라색으로 마을이 옷을 갈아입자 이곳의 인기는 폭발적이었다. 줄을 이어 방문한 여행자들은 소원의 다리라는 이름보다 퍼플교라는 애칭으로 부르기를 좋아했다. 반월·박지도 두 섬에서 보라색 꽃이 많이 핀다고 자연스레 퍼플섬이라 불렀다.

 퍼플섬 위치

안좌면에 속한 반월도와 박지도 두 섬을 퍼플섬이라 부른다. 반월도와 박지도는 안좌도와 0.4km의 거리에 위치하고 목포시와는 25km 떨어져 있다. 2015년 전라남도 가고 싶은 섬으로 선정되었다.

2020년 8월 12일 신안군은 안좌면 반월·박지도를 공식적으로 퍼플섬이라 선포했다. 이후 퍼플섬은 홍콩 유명 여행 잡지(U magazine)에 실렸고 독일 최대 위성TV 방송국인 프로지벤(Prosieben)에서 취재를 하면서 해외까지 알려지게 되었다.

퍼플교(박지도 방향) 전라남도 신안군 안좌면 소곡리 599-4

문브릿지

퍼플교에 이어 보랏빛 세상인 섬을 연결하는 문브릿지(Moon Bridge)가 완공되었다. 안좌면 단도와 반월도를 잇는 416m 길이의 문브릿지는 PE부잔교(313m), 콘크리트 부잔교(2기, 20m)와 소형어선 통행을 위한 해상교량(63m)이 복합된 해상보행교이다.

문브릿지는 화물선과 어선의 반월·박지도 통행을 위해 부잔교 구간에 개폐장치가 설치했다. 그래서 평상시에는 해상보행교로, 대형선박 통행 시에는 부잔교가 열려 선박이 통행할 수 있다.

문브릿지 전라남도 신안군 안좌면 소곡리709-7

반월도 박지도 당숲

반월도는 세종실록 지리지에 의하면 1450년 말 40여 필과 관리하기 위하여 사람들을 입도 시켰다는 기록이 남아있다. 반월도 당숲은 생명의 숲 산림청 유한킴벌리가 선정하는 제14회 아름다운 숲 전국대회에서 공존상을 수상했다. 1982년 12월 3일에 신안군 보호수로 지정된 300여년 된 팽나무 3그루가 있다. 박지도 뒷산 중턱에 위치하고 있는 박지도 당숲은 이제는 당제를 지내지 않지만 비교적 잘 보존되어 원형을 볼 수 있다. 박지도 당숲은 영험하기로 유명했다. 매년 음력 정월 보름 당제를 지냈다. 당제를 지낼 때 깨끗한 소를 한 마리 사다가 제물로 쓰는데 소를 구입할 때 상인이 소를 팔지 않으면 당할머니가 화가 나서 그 소를 말려죽인다는 소문이 이웃 섬 주민들에게 퍼져 있었다고 한다. 그래서 그 어떤 소 장수도 자신의 소가 박지도 당의 제물로 낙점되면 팔지 않을 도리가 없었다. 그만큼 박지도 당의 영향력이 컸다고 전해온다.

중노두 전설

박지도와 반월도는 각각의 섬이었지만 할아버지 당과 할머니 당으로 연결되어 당제를 지냈고 내려오는 전설도 두 섬을 이어주는 돌로 쌓아 만든 노두 이야기이다. 박지도와 반월도 사이에는 중노두라는 이름의 노두가 있다. 노두란 돌로 쌓아 길을 만든 것인데 물때를 맞춰야 건널 수 있다. 오랜 옛날 박지도 암자에는 젊은 비구(남자 스님)가 살았고 바다 건너 마주한 섬 반월도에는 젊은 비구니(여자 스님)가 살고 있었다. 두 섬 사이에는 바다가 가로놓여 얼굴이 자세히 보이지는 않았지만 멀리서 보고도 박지도의 비구는 반월도의 비구니에게 반해 사모했다. 달빛이 가득한 밤이면 낭랑하게 들리는 비구니의 목탁 소리에 비구는 애가 끓었다. 견디다 못한 비구는 어느 날부터 반월도를 향해 갯벌에 돌을 붓기 시작했다. 썰물로 바닷물이 빠져 갯벌이 드러날 때마다 비구는 돌을 담아 날랐고 몇 해의 시간이 지나면서 비구의 마음이 비구니의 마음에 닿았는지 비구니도 박지도 쪽 갯벌을 향해 돌을 부어 나갔다. 그렇게 또 많은 세월이 지났다. 청춘이었던 남녀 스님의 머리에도 서리가 내렸다. 마침내 양쪽에서 시작된 갯벌의 두 돌무더기 길이 하나로 만나 완성되었다. 기쁨에 겨운 두 남녀는 손을 잡고 하염없이 눈물을 쏟았다. 두 사람이 만나고 있는 사이에 들물 때가 되어 바닷물이 불어나기 시작했다. 그러나 둘은 그 자리에서 잡은 손을 놓지 않았다. 그들은 서로를 끌어안은 채 급류에 휩쓸려 바닷속으로 사라졌다. 물때가 지나고 바닷물이 빠지자 갯벌에는 두 사람이 놓아 만든 돌무더기 길만 남게 되었다.

아는 만큼 보여요

POINT V 보라 Purple

보라색의 이미지
보라는 세상의 모든 색 중에서 가장 신비로운 색이다. 원색인 빨강과 파랑이 만나 보라를 만들면서 양극단적 성격은 보라 안에 그대로 머물러 특별한 매력을 풍긴다. 보라색의 특성은 문학의 판타지, 공상 과학, 동화 등에서 신비주의로 나타난다. 보라색은 순수한 세계로 이끌어 내는 힘이 있어 어린 시절을 회상하게 하여 꿈과 환상을 일깨워 준다. 그래서 보라색으로 가득 찬 공간에 가면 신비스러움을 넘어 마술과 같다는 느낌을 받게 되는 것이다.

종교에서의 보라색
수많은 문화권에서 영적세계의 신비로운 색으로 보라를 꼽아왔다. 기독교 문명에서 추기경은 이승과 저승 간의 중재자 역할을 담당한다는 상징에서 보라색 옷을 입는다, 불교에서도 마찬가지 의미로 승려들이 노랑과 함께 보라 예복 차림을 한다. 중세 교회에서 보라는 특히 많이 쓰였다. 중세시대에 지어진 교회의 유리창에는 순종, 참회, 고백하는 예배의식을 담은 그림에 보라색이 등장한다. 보라색은 추기경의 반지에서도 찾아 볼 수 있다.

한국의 전통색 보라

한국전통표준색명에 수록된 우리나라 전통색은 90색이다. 분류는 적색계, 황색계, 자색계, 청록색계, 무채색계의 다섯 가지로 구분한다. 청록계열의 남색과 삼청색 사이에서 연람색(軟藍色), 벽람색(壁藍色), 숙람색(熟藍色)이 보라색이다. 연남색은 연한 남빛으로 조선시대 왕과 왕비의 의복과 의대에 사용했다. 벽람색은 보라빛을 띤 푸른색으로 남벽(藍碧)으로 표현하기도 했다. 옛 문헌의 시(詩)를 살펴보면 시냇물과 외국의 승려 눈을 벽람으로 표현하고 있다. 숙람색은 푸른빛이 있는 탁한 보라색으로 조선왕조실록에 숙람초(熟藍綃, 보라색 비단) 2필이라는 기록이 남아 있다.

퍼플섬 가는 길

안좌도 두리까지 차량을 이용해 갈 수 있다. 이후 퍼플교를 걸어서 건너면 반월·박지도를 갈 수 있다. 반월·박지도 안에서는 탐방전동셔틀을 이용할 수 있고 자전거 대여도 가능하다.

시인의 섬
팔금도

2019년 4월 4일 천사대교가 개통되었다. 후대에 신안의 역사를 기록하는 이가 있다면 천사대교는 분명 2000년대에 가장 경이로운 순간이었다라고 평가할 만하다. 배가 아니라 언제든 차를 타고 출발해서 압해대교를 지나 천사대교를 건너면 신안군의 중부권 섬들을 모두 갈 수 있게 된 것이다. 반세기 전만 해도 누가 꿈에서라도 생각해 보았을까. 오늘은 꿈길 같은 다리를 건너 팔금도로 향한다. 길 좌우로 유채꽃들이 펼쳐 놓은 금물결은 여행자를 불러 세운다. 차를 멈추고 드넓은 평지에 서서 좌우를 둘러보면 문득 여기가 섬이 맞나 질문하게 된다.

논과 밭에서 많은 농사를 짓기 때문이다. 현재 팔금도는 주변의 크고 작은 섬 8개(본도, 백계도, 원산도, 띠섬, 거문도, 고산도, 거사도, 매도)가 간척으로 연결되어 하나의 큰 섬이 되었다. 섬과 섬 사이의 간척지는 논밭과 염전이 되어 구찌뽕, 마늘, 양파, 고사리, 천일염, 김 등이 나온다.

팔금도 지명

팔금(八禽)이라는 지명에 관해서는 세 가지가 전해 온다. 첫째는 본도, 백계도, 원산도, 띠섬, 거문도, 고산도, 거사도, 매도 등 유인도가 8개이라 여덟 팔(八)자를 쓰고 본도의 주산인 닭메산(금당산), 장촌의 백계도(白鷄, 흰닭), 원앙(鴛鴦, 원앙새)구지, 원산의 작두지(鵲頭, 까치머리), 비로지(飛鷺, 나는 백로), 오만이(烏灣, 까마귀)이, 이목의 부소지(鳬巢, 물오리), 진고의 오림(烏林, 까마귀)이라고 하는 조류를 의미하는 지명이 많아 날짐승 금(禽)자를 합쳐 팔금이라 부르게 되었다고 한다. 지명에 대한 두 번째 설명은 섬의 형태가 여덟 마리의 새가 내려 앉아 있는 모습이라 팔금이라 부르게 되었다고도 한다. 다음으로는 날짐승이 들어 간 8명당이 섬에 있기 때문이라고 한다.

 팔금도 위치

신안군의 중앙부에 위치한 섬이다. 팔금도의 동쪽은 바다 건너 목포시, 해남군, 신안군 압해읍이 있고 서쪽은 비금면, 북쪽은 암태도와 이웃하고 있다. 북쪽의 암태도와 2005년 중앙대교로 이어졌고 남쪽의 안좌도와는 1989년 신안1교로 연결되었다. 2019년 천사대교가 개통되어 육지와 이어진 섬이 되었다.

팔금도는 각각의 작은 섬들이 모여 하나의 섬을 이루었는데 새에 관한 지명이 이렇게나 많은 것은 아마도 작은 섬들이 예전에는 새들의 많이 살았던 새들의 천국은 아니었을까 추측을 해본다. 어쨌든 팔금도 지명은 모두 새와 연관이 깊은 섬이라는 것을 짐작할 수 있다.

차를 타고 가는 팔금도 섬여행

팔금도는 섬이지만 배를 타지 않고 차를 이용한 섬여행이 가능하다. 목포에서 출발해서 50분 정도면 팔금도에 도착한다. 천사대교가 완공되어 압해도, 암태도, 자은도, 팔금도, 안좌도는 육지와 연결되는 길이 열렸기 때문이다. 압해도는 남동쪽으로 목포와 서해안 고속도로로 연결되는 압해대교가 있고 북으로는 무안국제공항으로 향하는 김대중대교가 있다. 신안군의 중부권 지역에 위치한 암태도, 자은도, 팔금도, 안좌도는 은암대교, 중앙대교, 신안제1교로 연결(자은도~〈은암대교〉~암태도~〈중앙대교〉~팔금도~〈신안제1교〉~안좌도)되어 있고 2019년 천사대교가 개통되면서 중부지역 어느 섬을 가더라도 시간에 구애받지 않고 여행할 수 있게 되었다.

시인 최하림

사랑의 아름다움을 알고 바라던 밤이여
소리가 지날 때마다 사방은 해초처럼 설레고
마음이 심하게 흔들리기 시작하였으므로
진정하여야겠다. 확실한 많은 시간들이
기다려 있을 테니까 그때를 위하여
슬픔을 버리고 헛된 눈물을 버리고
흐느끼듯한 진실을 만들어야겠다.
깊고 침침하게 흐르는 바다로 바다로 가
일대를 조용하게 할 질문의 소리를 들어야겠다.
먼 현실로 돌아가 내가 나일 수 있다면……
내가 나일 수 있다면……

- 최하림 시인의 비가(悲歌) 중에서

시인 최하림은 1939년 3월 7일 전남 신안군 팔금면에서 출생하였다. 어떤 자료에서는 최하림이 안좌면에서 태어났다고 소개하고 있는데 그것은 팔금도가 이전에는 안좌면으로 불렸던 시기가 있었기 때문이다. 참고로 무안군 안좌면으로 불렸던 팔금도는 1964년 안좌면 팔금 출장소가 설치됐으며 1969년 행정구역 개편으로 신안군에 편입되면서 1980년 팔금면으로 승격됐다. 최하림은 대중에게 널리 알려지지 않아 생소한 이름이라고 생각할 수도 있지만 시를 사랑하는 사람이라면 그가 한국을 대표하는 현대 시인이라는 것을 알고 있다.

최하림의 시를 읽고 좀 더 이해하고 싶다면 팔금도에 가는 것이 도움이 된다. 도착해서 주변을 차분하고 세심하게 살펴 볼 필요가 있다. 그리고 그의 시를 다시 소리 내어 읽어보자. 그가 태어나 자란 팔금도의 이미지가 시 안에 있음을 쉽게 눈치 챌 수 있다. 그리고 격변의 시기에 시인으로 산다는 일은 너무도 고단했을 것이라는 지점에 이르게 되면 팔금도 여행이 다르게 다가올 것이다.

최하림은 1960년대 초반에 김현과 함께 산문시대 동인으로 활동하였고, 1964년 조선일보 신춘문예에 시 〈빈약한 올페의 회상〉이 당선하면서 등단하였다. 시집으로는 1976년 〈우리들을 위하여〉, 1982년 〈작은 마을에서〉, 1988년 〈침묵의 빛〉, 1990년 〈사랑의 변주곡〉, 1991년 〈속이 보이는 심연으로〉, 1998년 굴참나무 숲에서 아이들이 온다, 2001년 〈풍경 뒤의 풍경〉, 2005년 〈때로는 네가 보이지 않는다〉 등을

펴냈다. 최하림은 2010년 4월 22일 지병이 악화되어 타계하였다. 신안군 하의도에 조성된 하의3도 농민기념관 개관을 기념하는 축시 '삼백삼십 년 뒤에 부르는 노래'를 지었고 현재 기념시비가 세워져있다. 최하림은 시를 쓴 시인이기도 했지만 시에 대한 고민이 가득한 시인들의 평론가이기도 했다.

선학산 채일봉전망대

팔금도가 신안 다도해의 중심지라는 것을 제대로 실감할 수 있는 곳이 선학산 채일봉 정상이다. 이곳에 오르면 아름다운 다도해와 함께 일출과 일몰을 모두 감상할 수 있어 감탄이 절로 나오는 뷰 포인트이다. 발아래로는 팔금도의 드넓은 들판이 펼쳐지고 북쪽으로는 암태면와 팔금도를 잇는 중앙대교와 남강항을 볼 수 있다. 남쪽으로는 천사대교와 안좌도 그리고 신안1교가 보인다. 다도해 섬들이 앞서거니 뒤서거니 바다 위를 수놓고 오고가는 배들이 즐거움을 더하는 풍경은 섬여행에서만 담아 올 수 있는 특별한 아름다움이다. 그래서 장목저수지를 시작으로 원산 저수지를 지나 채일봉 정상, 원산마을을 잇는 약 4㎞, 약 2시간 30분 소요되는 등산로는 사람들의 발길이 끊이질 않고 있다. 선학산 등산로 이외에 읍리와 안산, 안골산, 금당산, 영덕사를 둘러볼 수 있는 2.8㎞의 금당산 둘레길이 있다.

서근등대

암태도에서 중앙대교를 건너 팔금도가 시작되는 곳에서 방향을 오른쪽으로 잡는다. 최하림 생가와 채일봉 전망대를 지나면 서쪽 끝에 서근등대가 있다. 차를 세워두고 야생화가 핀 길을 따라 조금만 올라가면 그리 크지 않은 높이의 하얀색 등대가 나온다. 1969년 9월 18일 초 점등한 무인등대인 서근등대는 목포와 흑산 바다를 항해하는 선박들을 안전한 길로 안내해주는 이정표 역할을 하고 있다. 서근등대는 팔금등대라고 부르기도 한다. 서근등대에서는 서쪽으로는 사치도, 수치도가 보이고 동쪽으로는 해안과 육지풍경이 파노라마처럼 펼쳐져 있다. 팔금도를 여행 중이라면 서근등대는 빠뜨리지 말고 꼭 들려보기를 권하고 싶다. 등대는 소박하지만 등대에서 보는 뷰는 섬여행만이 누릴 수 있는 매력으로 가득하다. 이곳에서 잠시 쉬는 동안 바다 풍경이 주는 편안함이 에너지로 충전됨을 느낄 수 있다. 서근등대는 신안 섬 자전거길 투어 코스 514km 중 한 지점으로 자전거길 투어 인증 스탬프를 찍을 수 있다.

주소 전라남도 신안군 팔금면 원산서근길 329

팔금도 철쭉공원과 유채꽃 물결

신안을 여행하다보면 계절마다 아름다운 꽃들이 물결을 이루는 풍경을 만난다. 팔금도에서 는 중앙대교를 넘어가기 전 오른 쪽에서 봄마다 진홍빛 철쭉이 활짝 피어 여행자를 반겨준다. 따사로운 봄날, 철쭉이 핀 공원을 걷다보면 꽃말인 '사랑의 기쁨'을 실감한다. 팔금도 철쭉공원은 2019년 11월부터 조성해서 2020년 5월 개장했다.

철쭉은 해마다 4월 말부터 피어나기 시작해 공원을 진홍빛으로 물들인다. 철쭉공원 안에는 잠시 쉬어가기 좋은 정자도 마련되어 있다. 팔금도에 봄이 오면 철쭉꽃과 함께 유채꽃들이 힘껏 피어나 장관을 이룬다. 아직 덜 알려진 아름다운 꽃 세상이 팔금도에 펼쳐진다. 보통 유채꽃 풍경을 생각하면 제주도의 봄을 떠올리는데 신안의 유채꽃은 더 반짝이는 노랑색이다. 팔금도는 봄이 한창인 어느 날 유채꽃이 마술을 부린 것 같이 노랑섬으로 변한다.

팔금도 가는 길

팔금도는 천사대교가 개통된 후 목포에서 차량으로 50분 정도 소요된다.

아는 만큼 보여요

POINT ✓ 팔금도의 문화유적

팔금 3층 석탑

이 석탑은 천년의 세월동안 팔금을 지켜온 소중한 문화유산이다. 조성연대는 고려초기로 추정하고 있는데 그 이유는 1970년경 탑 부근에서 명문이 새겨진 기와편이 발견되었고 平興國(평흥국)이라는 글씨가 새겨져 있었기 때문이다. 떨어져 나간 기와조각 부분에 '太태'자가 있었을 것으로 추정하고 있다. 태평흥국이란 중국 태종의 연호로 976년부터 983년까지 사용했기 때문에 적어도 천여
년 전에 팔금도에 세워진 사찰에 이 석탑이 있었을 것으로 추정한다. 이와 함께 팔금도 침향에 관련된 내용이 조선왕조실록에 기록되어 있어 불교사찰이 있었음을 알 수 있게 되었다. 현재는 3층 석탑이지만 1942년에 보고된 조선보물고적조사 자료에는 5층으로 소개하고 있어 원래는 5층 석탑이었던 것으로 보인다. 팔금 3층 석탑은 신안군에 남아 있는 2개의 석탑 중 하나로 1978년 전라남도 유형문화재 제71호로 지정되었다.

주소 전라남도 신안군 팔금면 읍리 350-1

팔금도 매향비

조선왕조실록에는 팔금도에 매향비가 있었다는 기록(1422년 3월 29일)이 있다. 나주군수로 있던 권극화는 소금가마를 살피기 위해 팔금도에 왔다가 풀 속에서 매향비를 발견한다. 이를 태조에게 보고하니 태조가 권극화를 팔금도로 보내 침향을 캐게 했다고 하는 내용이다. 결국 침향은 발견하지 못했지만 팔금도에서 매향이 행해졌음을 알 수 있는 소중한 자료이다. 매향이란 미륵신앙의 한 형태로 민물과 갯물이 만나는 지역에 향나무를 오래 묻어 두었다가 약재나 불교의식에 사용했다.

매향의식은 고대로부터 행해져 왔는데 그 시기와 장소 그리고 참여인물 등을 매향비에 기록했다. 팔금도에 매향이 있다는 기록은 있지만 정확한 장소는 알 수 없다.

팔금도 기우제

농사를 많이 지었던 팔금도는 기우제에 관한 민속문화가 곳곳에서 전해온다. 이목리, 원산리, 당고리, 고산리에서는 여름에 가뭄이 들면 기우제를 지냈는데 특이한 점은 단독으로 지내지 않고 인근 마을과 공동으로 지냈다는 점이다. 이목리 기우제는 읍리와 대심리 경계에 위치한 금당산에서 지냈다. 기우제 지내는 방식은 두 가지로 불을 피우는 것과 제를 지내는 것이 있었다. 마을 주민들이 각각 나무를 들고 산에 올라 와 제관에게 나무를 주고 내려오면 제관이 나무를 쌓아 불을 지르고 제를 지냈다. 이렇게 불을 질렀는데도 비가 안 오면 다시 제를 지냈다. 팔금도 기우제는 대부분 일제 강점기 이후에 중단되었다.

원산마을 우실

우실은 북풍인 하늬바람을 막고 이웃마을과의 경계를 주는 곳으로 마을 출입구 역할을 했다. 대부분 돌담이나 나무를 심어 방풍림으로 조성한다. 원산마을 우실은 솔지께 잔둥이라 불리는 마을 서북쪽 산등성이에 위치한다. 이곳에 소나무와 전나무로 군락지를 만들어 마을 북쪽을 감싸 북풍인 하늬바람을 막았다. 북풍이 그대로 마을로 들어오면 농사를 망치기 때문에 우실을 관리하는 일은 매우 중요한 일이었다. 마을 주민들은 우실 가운데에 있던 큰 소나무에서 당제를 지내며 마을의 악운을 막고 안녕과 풍년을 기원했다. 1910년대 후반까지 우실에서 당제를 지냈다고 한다.

마음까지 이어주는 천사대교
암태도

천사대교가 개통하면서 신안군의 섬을 향해 하루 평균 8천여 대의 차량이 다리를 건너 찾아오고 있다. 천사대교가 가장 잘한 일은 무엇보다 섬 주민들에게 접근성이 개선되는 편리함을 선물했다는 점이다. 응급환자가 있으면 밤이나 낮에도 아무 때나 갈 수 있고 농수산물을 아무 때나 출하할 수 있으니 섬사람들은 지금 천지개벽을 경험 중이다. 불과 10여년 전만 해도 암태도에서 목포까지 가려면 배를 타고 6시간 걸리던 시절이 있었다. 이후 뱃길은 암태도 오도선착장에서 압해도 송공항을 이용하면서 1시간으로 단축 되었다. 5시간 단축된 뱃길은 숫자만 보면 대단하지만 가고 싶을 때 갈 수 없는 섬살이는 뭍이 여전히 멀기만 했다.

다리가 연결되면 너무 좋지만 정말 될까 꿈만 꾸던 사람들은 2019년 4월 4일 천사대교가 개통되면서 그토록 소망했던 소원을 이루었다. 이로서 신안의 6개의 섬(압해도, 암태도, 자은도, 팔금도, 안좌도, 추포도)이 7개의 다리에 의해 육지와 연결되었다. 총길이 7,224m의 천사대교는 인천대교, 광안대교, 서해대교에 이어 우리나라 4번째로 긴 다리이다. 특징이라면 국내 최초로 현수교와 사장교가 공존하는 다리라는 기록을 보유하게 되었다는 점이다.

2021년 4월에는 암태도와 추포도를 잇는 추포대교가 완공되었다. 추포도는 오가는 배편조차 없었다. 징검다리를 의미하는 노둣길이 암태도로 갈 수 있는 유일한 통행로였기 때문에 물때에 맞춰 오가는 불편이 컸다. 추포대교를 이용하는 주민들은 3백 년 된 염원이 이루어져 꿈만 같다고 말한다. 1.82km의 추포대교는 신안의 섬과 섬을 잇는 13번째 교량이다. 추포도에서 비금도를 잇는 교량 건설이 정부의 5차 도로건설계획에 반영됐다는 반가운 소식이 2021년 9월에 전해졌다. 다리 길이가 10.4km로 천사대교보다 긴 교량이다. 완공까지 앞으로 약 10년 정도 기다려야 한다. 이 연육교가 완공되면 목포에서 차로 비금도와 도초도까지 갈 수 있게 된다.

ZOOM IN 암태도 위치

신안군 암태면의 주섬인 암태도는 천사대교 개통 후 내륙에서 차량으로 갈 수 있는 섬이 되었다. 목포시에서 서쪽으로 28.5km에 위치해 있는 암태도는 자은도, 팔금도, 안좌도와 다리로 연결되어 있다.

TIP 천사대교의 면모를 가장 잘 볼 수 있는 곳은 암태도 박달산(197m) 동쪽에 있는 천사대교 전망대다.

연육교가 완공되면 목포에서 흑산도로 향하는 여객선이 비금도에서 출발하게 되면 2시간이 운항시간에서 1시간으로 단축할 수 있게 된다. 섬에 사는 사람들에게 연육교는 단순하게 섬과 섬 그리고 육지를 이어주는 길이 아니다. 사람들의 마음과 마음을 이어주는 소중한 통로인 것이다. 또한 접근성이 크게 개선되어 관광자원 측면에서 웰니스* 관광지로 섬에 대한 관심이 커지고 있다.

천사대교전망대 전라남도 신안군 암태면 신석리 산510

*웰니스 관광(wellness tourism) 웰니스는 '웰빙(well-being)'에 '행복(happiness)'과 '건강(fitness)'을 합친 용어로, 웰니스 관광은 여행을 통해 정신적·사회적인 안정과 신체적인 건강의 조화를 이루는 데 목적이 있다.

기동삼거리 벽화

천사대교 개통 후 신안군 중부권 섬들로 향하는 여행자들이 줄을 잇고 있다. 가는 길이 너무 쉬워졌기 때문이다. 예전에는 목포로부터 28.5km 떨어진 암태도에 가려면 반드시 배를 타고 가야했다. 불과 10년 전만 해도 6시간이 걸리는 섬이 있었으니 여행자는 큰맘을 먹어야 한 번 가 볼 수 있는 곳이었다. 그러나 이제는 차를 타고 천사대교를 건너면 바로 암태도에 닿는다. 그렇다고 너무 빨리 앞만 보고 달려가지 말고 천사대교를 건넌 후 오른쪽으로는 자은도 왼쪽으로는 암태도, 팔금도, 안좌도로 향하는 기동삼거리에서 잠시 멈춰보자. 동백꽃 머리로 유명해진 벽화를 지나치면 서운하기 때문이다. 동백꽃 머리를 한 벽화 속 인물은 담벼락이 있는 집에 살고 계시는 손석심 할머니와 문병일 할아버지이다. 김지안 작가가 그림을 그렸는데 처음에는 나무가 한 그루라 나무와 담벼락을 어우러지게 할머니만 그렸다. 예쁜 애기동백 나무를 머리로 하고 환하게 웃는 할머니는 섬으로 향하는 여행자들에게 큰 인기를 끌었다. 좋아라 사진을 찍는 사람들을 보면서 할아버지가 자신이 없음을 서운해 했다. 마음을 전해들은 신안군에서는 할아버지도 할머니 옆에 나란히 그리기로 했는데 문제는 애기동백나무가 한 그루라 할아버지의 머리가 되어 줄 나무를 구하기가 어려웠다. 제주도에서 나무를 공수해 온 후에야 두 분의 얼굴이 완성되었다. 기동삼거리에서 우연히 할아버지를 만났다. 냉큼 알아보고 사진을 찍자했더니 몹시 부끄러워하신다. 순수하고 다정한 섬주민의 모습이 신안군에서 지나치면 안 될 명소가 되었다.

암태도소작인 항쟁기념탑

항쟁기념탑은 기동삼거리를 지나 암태면 사무소 들어서는 입구에 위치하고 있다. 가는 길이 아무리 바빠도 잠시 멈추어 살펴보기를 권한다. 이곳은 서남해 농민운동과 항일운동의 시작이 암태도라는 것을 설명해 준다. 1923년 8월부터 1924년 8월까지 치열하게 전개되었던 암태도 소작쟁의는 매우 큰 의미를 지니고 있다. 섬의 상황을 잘 모르는 사람이라면 섬에서 왜 농민운동이 일어났을까 고개를 갸웃할 수도 있다. 신안에서 섬의 면적이 큰 경우는 목포시보다 넓다는 것을 알지 못하는 사람인 것이다. 당시 암태도는 7천여 명이 거주했고 이 중 절반이 농사를 지었다. 암태도는 서태석과 박복영을 중심으로 '암태소작인회'를 결성하면서 시작되었다. 발단은 지주 중심의 불합리한 소작료 인하와 소작조건 개선이었다.

7~8할의 소작료를 4할로 내려줄 것을 요청하였으나 지주 측에서 이를 묵살하였다. 이에 소작인들은 추수거부와 소작료 불납동맹을 전개했고 결국 소작회와 지주 측의 충돌이 발생하였고 경찰은 소작회 간부들을 검거 수감했다. 암태도 농민 400여 명은 배를 타고 목포로 2번이나 건너가 경찰서와 재판소 앞에서 집단 시위를 펼쳤고 언론에 보도되면서 전국에서 성금이 오게된다. 각계각층의 도움으로 암태도 소작쟁의가 사회문제화 되었고 전국적인 지지와 성원이 이어지면서 경찰은 무마하기 시작한다. 결국 일제 관헌이 개입하여 소작료는 지주 몫이 40%, 소작인 몫은 50%, 장려농자금으로 10%로 정하는 내용이 담긴 약정서를 작성하여 소작쟁의가 마무리 되었다. 소작인들의 승리였다. 암태도 소작쟁의는 서해안 섬들과 전국적인 소작쟁의의 계기가 되었으며, 지주와 그를 비호하는 일제 관헌에 대항한 항일운동이었다. 이를 기념하기 위해 1997년 암태면 단고리 장고마을에 암태도 소작인 항쟁기념탑이 조성되었다.

*위의 글은 신안군 홈페이지 문화관광 암태도에 소개된 내용을 참고하였습니다.

소작인항쟁기념탑 공원 전라남도 신안군 암태면 단고리 542-1

서태석

서태석은 암태도 기동리에서 1886년 태어나 1943년에 사망했다. 그가 죽고 2년 뒤에 해방을 맞는다. 일제강점기란 우리나라가 일본제국주의에 의하여 식민통치를 당한 35년간(1910~1945)의 시대를 말한다. 서태석은 일제에게 나라를 빼앗  기고 나라 잃은 설움 속에서 살다간 독립운동가이다. 그의 인생을 살펴보면 '빼앗긴 들에도 봄은 오는가…' 라는 시인 이상화의 시가 떠오른다(1926년에 발표). 이 구절은 당시의 민족적 울분과 저항을 매우 함축성 있게 말해주고 있다. 서태석의 인생에서 일제에 대한 저항의식과 조국에 대한 열정은 위대했지만 인생의 마침표는 눈을 뜨고 볼 수 없을 만큼 비참했다.

서태석은 어린 시절 서당에서 공부를 한 후 한약방을 열어 명의로 알려지게 된다. 그는 주민들의 신뢰가 높아 22살이라는 젊은 나이에 1907년부터 8년 동안 암태면장을 지냈다. 일제강점기가 시작되고 조국의 현실을 직접 겪으면서 면장직을 그만두고 독립운동가의 길을 선택한다. 1920년 목포에서 3.1운동 1주년 행사를 준비하면서 독립사상을 고취하는 유인물을 배포하다가 체포되어 1년간 옥고를 치렀다. 이후 국내외 독립투사들을 만나 사회주의 사상을 접하게 된다. 서태석은 1923년 암태도로 돌아와 암태도소작회를 결성했다.

일제 강점기 암태소작운동은 3.1운동 정신을 이은 민족운동이었고 그 중심에 서태석이 있었다. 암태도 주민들이 보여 준 강한 단결력과 민족의식은 일제의 무서운 탄압에도 불구하고 최초의 농민운동 승리를 이끌어 낸다.

서태석은 암태도소작쟁이 승리를 밑거름으로 하여 서울로 올라가 독립운동을 왕성하게 펼쳤다. 그러나 몇 차례 더 옥고를 치루면서 고문 후유증이 정신분열증으로 이어져 고향인 암태도로 돌아온다. 일제의 감시가 너무나 심해서 마을사람 누구도 정신이 온전하지 못한 서태석을 돌볼 수 없었다. 거주지도 없이 걸인으로 여기 저기 떠돌다가 압해도 논둑길에서 벼 포기를 움켜쥔 채 숨을 거둔다. 그가 죽고 2년 후에 일제는 물러났고 해방을 맞았지만 서태석이 1920년 후반에 사회주의 계열의 항일운동에 참여했다는 이유로 죽은 후에도 또다시 버려지게 된다. 추모비조차 제재를 받아 1981년에 건립된다. 추모비 뒷면에는 "거룩한 태사(서태석의 호)공이 민족혼을 일으켜 세웠네. 식민지 학정에 들고 일어나 통쾌히 승리했으나 고문으로 혼을 짓밟혔다"고 적혀있다. 2003년 서태석의 독립활동에 대한 공훈이 인정되어 건국훈장 애국장을 수여받았고 2008년 국립현충원에 안장되었다. 유해는 옮겨졌지만 암태도 묘역에는 가묘와 함께 암태도 농민항쟁사적비가 세워져 있고 기동리 오산마을에는 서태석이 살았던 생가가 남아있다.

*위의 글은 2017년 신안군지에 소개된 내용을 참고하였습니다.

노만사

이슬을 가득 머금은 절이라는 이름의 노만사(露滿寺)는 암태면 수곡리에 있는 승봉산 능선에 위치하고 있다. 1873년 창암 화상이 해남 대흥사 분회로 창건할 때의 노만사는 초가 건물이었다. 그후 1944년 암태면 사람 천복운이 사재를 들여 중건하여 칠성각, 법당, 해탈문, 종각 등 7동의 건물을 세웠다. 이후 중건과 보수를 거쳐 오늘에 이르고 있다. 법당 앞에는 팽나무 고목이 가파른 길을 올라 온 사람들을 반갑게 맞아주고 절 뒤로 가면 곰솔군락과 굴참나무 군락이 펼쳐져 있다. 좌측 바위를 돌아 오르면 승봉산 등산로와 연결되어 암태도 최초 입도지가 있는 수곡리로 갈 수 있다. 노만사는 2000년 1월 31일 신안군 향토유적 전통사찰 제1호로 지정되었다.

노만사는 2가지로 매우 유명한 절인데 첫째는 만병통치라고 알려진 약수물이다. 대웅전 뒤편으로 가면 자궁형상을 한 거대한 바위에서 이슬을 머금은 듯 은근하게 물이 흘러내리고 있다. 사찰 건립 이후 여러 차례의 가뭄을 겪었으나 이 약수는 한 번도 마르는 일이 없었 다고 한다. 노만사가 유명한 두 번째 이유는 빼어난 다도해 풍경이다. 절 건물은 다른 절에 비해 매우 소박하여 찾는 이의 마음을 편안하게 해 준다. 건물이 크고 중장하지 않지만 절은 매우 전망 좋은 승봉산 능선 해발 120m 지점에 위치하고 있다. 절을 등지고 서면 넓은 바다를 한 눈에 내려다 볼 수 있는데 사계절 언제나 감탄이 절로 나오는 풍경이다. 특별히 해질 무렵이 되면 추포도, 도초도, 안좌도를 물들이는 붉은 낙조는 노만사에서의 시간을 오래 기억하게 해 준다.

승봉산 이야기

신안의 중부지역에 위치한 자은도, 암태도, 팔금도, 안좌도는 다리로 이어져 언제든 쉽게 오고가는 이웃집이 되었다. 다도해에서 제일 큰 면적의 네 섬은 마치 사이좋은 친구처럼 어깨동무를 하고 있는 모습이기도 하다. 산의 높이로만 비교해 보면 자은도의 두봉산은 해발 363.8m로 첫 번째이고 암태도의 승봉산은 해발 355m로 그 다음이다. 그리 높지 않다 느낄 수치이지만 섬에서의 해발은 바다가 기점이라 섬에서는 비교적 높은 산이 승봉산이다. 산에는 오리바위, 마당바위 등 기암괴석들이 즐비해 승봉산에 오르면 암태도라는 섬 이름이 바로 이 산에서 연유되었음을 알 수 있다.

승봉산 등산로

소요시간: 3시간 30분

START
1 암태중학교 → 2 감시초소 → 3 부처손 군락지
→ 6 수곡임도 → 5 승봉산 정상 → 4 만물상
→ 7 수곡마당바위 → 8 노만사 → 9 수곡마을

START
1 암태중학교 → 2 감시초소 → 3 부처손 군락지
→ 6 도창리 저수지 → 5 승봉산 정상 → 4 만물상

승봉산을 현지 사람들은 되봉산이라고 부르는데 그 이유는 전해오는 흥미로운 이야기 때문이다. 아주 오래된 옛날 태고 때 천지가 생성되던 시절이 있었다. 하늘과 땅이 열릴 때에는 모든 섬이 물에 잠겼다고 한다. 그런데 자은도의 두봉산(斗鳳山)은 말(斗)만큼, 암태도의 승봉산(升鳳山)은 되(升)만큼 그리고 임자도의 함박산(函朴山)은 술잔(函)만큼 수면 위로 솟아 있었다. 세월이 흘러 점점 바닷물이 줄고 육지가 형성돼 높은 산을 이루어 자은도에는 두봉산, 암태도에는 승봉산, 임자도에는 함박산이 되었다고 한다. 참고로 한 말과 한 되는 곡식의 분량을 재는 단위다.

에로스서각박물관

천사대교를 건너 암태도로 진입하면 제일 먼저 에로스 서각박물관을 만난다. 신안군 암태면에 폐교를 이용해 꾸민 박물관이다. 에로스(Eros)는 그리스 신화에 나오는 사랑의 신의 이름이다. 아프로디테의 아들로 보통 활과 화살을 가진 나체의 어린이로 나타나는데 그가 쏜 금 화살을 맞으면 사랑에 빠지고 납 화살을 맞으면 증오하게 된다고 한다. 로마 신화에서는 우리가 잘 알고 있는 큐피드와 아모르에 해당한다. 정신분석의 창시자 프로이트(Freud)는 성 본능이나 자기 보존 본능을 포함한 생의 본능을 에로스라고 사용했다. 암태도 에로스 서각박물관은 왜 에로스라는 이름일까? 박물관을 모두 돌아보면 그 답을 찾을 수 있다. 서각박물관답게 이곳에서는 현대서각 작품 500여 점을 만날 수 있고 서각의 기초에서부터 다양한 목공예 작품이 전시되어 있다.

주소 전라남도 신안군 암태면 박달로 362-26

아는 만큼 보여요

POINT ✓ 암태도의 문화자원

암태도의 지명유래

옛 문헌 〈고려사지리지〉에는 암태도를 암타도(巖墮島)라고 기록하고 있다. 〈신증동국여지승람〉에 '암타도는 속칭 암태(巖泰)라 하며 주위가 45리이다.' 라고 기록되어 있고 〈여지도서〉에도 민간에서는 흔히 암태도라고 무른다고 기록하고 있다. 그런데 1405년 조성된 암태도 매향비에는 암태도라고 되어 있다. 지명에 대한 자세한 내용은 알 수 없지만 현재는 돌이 많이 흩어져 있고 바위가 병풍처럼 둘러싸여 있다는 의미로 암태도(巖泰島)라 불리게 되었다고 전해오고 있다.

암태 송곡리 매향비

매향이란 미륵신앙의 한 형태로 민물과 갯물이 만나는 갯벌에 향나무를 오래 묻어 두었다가 약재나 불교의식에 사용했다. 매향의식은 고대로부터 행해져 왔는데 그 시기와 장소 그리고 참여인물 등을 매향비에 기록했다. 매향비 중에서도 특별히 암태도 송곡리 매향비는 역사적 가치가 매우 높은데 그 이유는 매향비가 주로 육지의 연안에서 발견되는 되었는데 섬에서 발견된 유일한 사례이기 때문이다. 송곡리 매향비는 박달산과 무명산이 동서로 마주하며 골짜기를 이루고 남쪽으로 바다와 연결되는 갯벌지대에서 발견되었다. 현재 매향비의 위치는 발견된 장소에 수로공사를 하게 되어 이동하였다. 하단 간척지 논으로 자리를 옮겨 보호하고 있다. 높이 157cm, 너비 65cm, 두께 30cm 규모의 매향비에는 자연석의 평평한 면에 7행의 글씨가 새겨져 있다. 조선시대 초기 1405년에 건립했다는 매향시기와 매향처 등을 명확하게 기록하고 있다. 당시의 조선왕조실록을 살펴보면 1408년 왜선(倭船, 일본 배) 9척이 연일 암태도를 도둑질하니 염간(鹽干) 김나진과 갈금 등이 쳐서 쫓아버렸다는 기록이 있다.

매향이 있은 지 3년 후의 일이다. 이후의 기록에도 조선왕조실록에는 빈번하게 암태도의 소금생산에 관한 기록이 나오고 있으며 매향비에서는 반도섬을 지칭하는 반사도가 기록되어 있다. 반도의 다른 이름은 벗섬으로 활염의 벗등이 있는 섬이라는 의미이다. 기록으로 미루어보아 매향시기의 암태도 주민들은 주로 어업보다는 소금생산을 했고 일본 배들의 노략질로 불안한 삶을 살았던 것으로 보인다.

익금우실과 송곡우실

우실이라는 글자는 울타리 '울', 마을 (谷) '실'로 마을을 둘러싼 울타리라는 의미이다. 섬사람들은 갯가의 논밭에서 자라는 농작물이 세찬 찬바람으로부터 피해를 입지 않도록 돕는 울타리를 만들었다. 마을의 경계와 마을의 약한 부분을 보강해 주는
역할은 점차 마을의 안녕을 지켜주는 성스러운 곳으로 여기게 되었다. 우실은 돌로 담을 쌓거나 나무를 심어 방풍숲을 만들었다.

송곡우실은 총 길이 90m, 높이 2~4m의 규모로 현존하는 신안의 우실 중 형태가 가장 잘 보존되어있다. 1905년 송곡마을을 지나가던 스님이 우환을 막고 마을이 번창하려면 원래나무로 된 우실이 있던 곳에 돌담을 쌓아야 한다고 하여 지금의 우실을 만들었다고 전한다. 통로가 S자형으로 구부러지기 때문에 외부에서 마을이 쉽게 보이지 않도록 축조된 것이 특징이다. 2000년 1월 31일 신안군의 향토유적 제20호 문화재로 지정되었다.
익금우실은 익금마을의 북쪽 야트막한 산과 산 사이에 있는 길목에 위치하고 있다. 네모난 석재를 이용하여 견고하게 쌓은 것이 특징이다. 1830년 경 우씨가 마을을 위하여 방파제로 사대문을 건립하였는데 지금은 북문인 익금 우실만 남아있다. 2000년 1월 31일 신안군의 향토유적 제19호 문화재로 지정되었다.

송곡우실 전라남도 신안군 암태면 송곡리 284
익금우실 전라남도 신안군 암태면 신석리 산 251

추포도와 노두길

섬과 섬 사이에 징검다리를 놓아 썰물 때 걸어 다니는 길을 '노도', '노두'라고 하는데 지금은 노둣길이라고도 한다. 어원을 살펴보면 젖어있는 길이라는 뜻으로 한자 노도(露道)에서 비롯된 것으로 보인다. 암태도 옆의 작은 섬 추포도는 북쪽의 포도(浦島)와 남쪽의 추엽도(秋葉島), 동쪽의 오도(梧島) 세 섬이 방조제를 쌓아 간척과 염전을 개발하면서 하나의 섬이 되었다. 수곡리와 추포리를 잇는 노두는 썰물 때면 2.5km에 이르는 두 마을을 연결해 주는 징검다리로 미끄럼을 막기 위해 수천 개가 넘는 돌멩이를 매년 한 번씩 뒤집어 주었다. 2000년 6월 30일 노두 옆으로 시멘트 포장도로를 개설하여 차를 타고 추포도를 갈 수 있게 되었다. 그러나 여전히 물때를 맞춰야 오고 갈 수 있는 불편이 있었다. 2021년 4월에 암태도와 추포도를 잇는 1.82km의 추포대교가 완공되었다. 추포대교를 이용하는 주민들은 3백 년 된 염원이 이루어져 꿈만 같다고 말한다. 옛 노두에는 총 3,653개의 돌이 놓여 있는데, 굄돌까지 합하면 6,782개의 돌로 만들어졌다. 썰물 때 바닷길 구실을 했으나 쓸모를 다한 노두길은 이제는 일부 흔적만 남아 있고 그마저도 바다 속으로 점점 사라져 가고 있다. 오도와 추엽도로 연결되는 방조제 끝에 처음 노두길을 만들면서 세운 노도비(路道碑)가 남아 지난 시간을 기억해 준다. 추포대교를 건너면 암태도의 유일한 해수욕장인 추포해변이 나온다. 100만평의 넓은 모래사장과 시원한 소나무 숲 그리고 툭 트인 바다 전망은 추포대교 완공 이후 암태도에서 가장 유명한 명소가 될 것으로 보인다.

이순신 장군과 당사도

당사도(唐沙島)라는 섬 이름은 중국 당나라 때의 양자강 모래가 이곳까지 흘러 와 당사(唐沙)라고 불렀다고 한다. 그러나 당사(唐沙) 한자만 보고 추측을 하는 것인 아닌지 섬이름의 어원은 확실하지 않은 듯하다. 당사도에 가려면 암태도에서 배를 탄다. 약 20분 정도 소요된다. 섬에 도착해 보면 마을이 한 곳 있고 섬 주민은 주로 지주식 김 양식장을 하기 때문에 섬전체가 김발로 둘러싸여 있다. 당사도 김은 일정한 시간 햇볕을 받을 수 있는 지주식 재배라 맛과 색깔이 좋다.

이순신장군이 머물었던 섬으로 알려 진 당사도에는 마을에서 반대편에 위치한 방죽골에 이순신장군 숙영지와 우물이 있었다고 한다. 이순신 장군이 열두 척의 전함으로 명량해전을 치른 후 당사도에 머물면서 팠다는 우물은 가뭄에도 항상 샘물이 솟았다고 한다. 이순신은 1597년 9월 16일(양력 10월 26일) 〈난중일기〉에 당사도를 이렇게 기록하고 있다. "이것은 실로 천행이다. 물살이 무척 험하고 형세도 또한 외롭고 위태로워 당사도로 진을 옮겼다." 명량해전에서 기적처럼 승리한 이순신은 다시 휘몰아쳐 다가오는 왜군 함선을 피해 당사도로 진을 옮겼던 것이다.

난중일기와 명량해전 그리고 당사도

16일(갑진) 맑음. 이른 아침에 망군이 와서 보고하기를 "적선이 무려 2백여 척이 명량을 거쳐 곧장 진치고 있는 곳(양도 부근)으로 향해 온다."고 했다. 여러 장수들을 불러 거듭 약속할 것을 밝히고 닻을 올리고 바다로 나가니, 적선 133척이 우리의 배를 에워쌌다. 지휘선이 홀로 적선 가운데 들어가 탄환과 화살을 비바람같이 발사했지만, 여러 배들은 바라만 보고서 진격하지 않아 앞일을 헤아릴 수 없었다. 배 위에 있는 군사들이 서로 돌아보며 얼굴빛이 질려 있었다. 나는 부드럽게 타이르면서 "적이 비록 천척이라도 감히 우리 배를 곧바로 공격하지 못할 것이니, 조금도 동요하지 말고 힘을 다해 적을 쏘라."고 말했다. 그리고서 여러 배들을 돌아보니, 이미 1마장쯤 물러나 있었고, 우수사 김억추가 탄 배는 멀리 떨어져있어 묘연했다. 배를 돌려 곧장 중군 김응함의 배에 다가가서 먼저 목을 베어 효시 하고자 했지만

내 배가 머리를 돌리면 여러 배들이 차츰 멀리 물러나고 적선이 점차 다가와서 사세가 낭패되었을 것이다. 중군의 영하기와 초요기를 세우니 김응함의 배가 점차 내 배로 가까이 오고 거제현령 안위의 배도 왔다. 내가 뱃전에 서서 직접 안위를 불러 말하기를 "네가 억지 부리다 군법에 죽고 싶으냐?"고 하였고 다시 불러 "안위야, 감히 군법에 죽고 싶으냐? 물러나 도망간들 살 것 같으냐?"라고 했다. 이에 안위가 황급히 적과 교전하는 사이에 곧장 들어가니 적장의 배와 다른 적의 두 척의 배가 안위의 배에 개미처럼 달라붙었고 안위의 격군 7, 8명은 물에 뛰어들어 헤엄치니 구할 수 없었다. 나는 배를 돌려 곧장 안위의 배 쪽으로 들어갔다.

암태도 가는 길

암태도는 천사대교가 개통되어 내륙에서 차량을 이용해 언제든 갈 수 있게 되었다. 목포에서 출발하면 차량으로 약 40분이 소요된다. 암태도는 자은도, 팔금도, 안좌도와 다리로 연결되어 있어 섬 간에 왕래가 편리하고 암태 남강항에서 배를 타면 비금 가산항으로 갈 수 있어 비금도와 연결된 도초도까지 여행할 수 있어 암태도는 신안 섬 여행의 중요한 플랫폼이다.

렛츠고!
신안섬여행

초판 1쇄 인쇄일 2025년 9월 8일
초판 1쇄 발행일 2025년 9월 19일

펴낸곳 여행연구소

글 양소희
사진 양소희, 신안군청 제공
디자인 편집·삽화 한지민
이메일 localedustory@naver.com

※이 책에 수록된 글과 사진은 저작권법에 의해 보호를 받는 저작물이므로
  동의 없이 무단 전재와 무단복제를 금합니다.